心一堂術數古籍整理叢刊・星命類

紫微斗數全書古訣辨正

作者 潘國森

Śūnyatā

書名：紫微斗數全書古訣辨正
系列：心一堂當代術數文庫．星命類
作者：潘國森
主編、責任編輯：陳劍聰、潘國森

出版：心一堂有限公司
地址（門市）：香港九龍旺角西洋菜南街五號好望角大廈十樓1003室
電話號碼：（852）6715-0840
網址：publish.sunyata.cc
電郵：sunyatabook@gmail.com
網上書店http://book.sunyata.cc
網上論壇http://bbs.sunyata.cc/

版次：二零一七年四月初版
平裝

定價：港幣　一百二十八元正
　　　新台幣　五百五十元正

國際書號　978-988-8317-54-7

香港及海外發行：香港聯合書刊物流有限公司
香港新界大埔汀麗路36號中華商務印刷大廈3樓
電話號碼：（852）2150-2100
傳真號碼：（852）2407-3062
電郵：info@suplogistics.com.hk

台灣發行：秀威資訊科技股份有限公司
地址：台灣台北市內湖區瑞光路七十六巷六十五號一樓
電話號碼：（886）2796-3638
傳真號碼：（886）2796-1377
台灣地區網絡書店：http://www.bodbooks.com.tw/

中國大陸發行．零售：心一堂
深圳店：中國深圳羅湖立新路六號東門博雅負一層零零八號
電話號碼：（86）0755-82224934
北京店：中國北京東城區雍和宮大街四十號
心一堂官方淘寶流通處：http://shop35178535.taobao.com

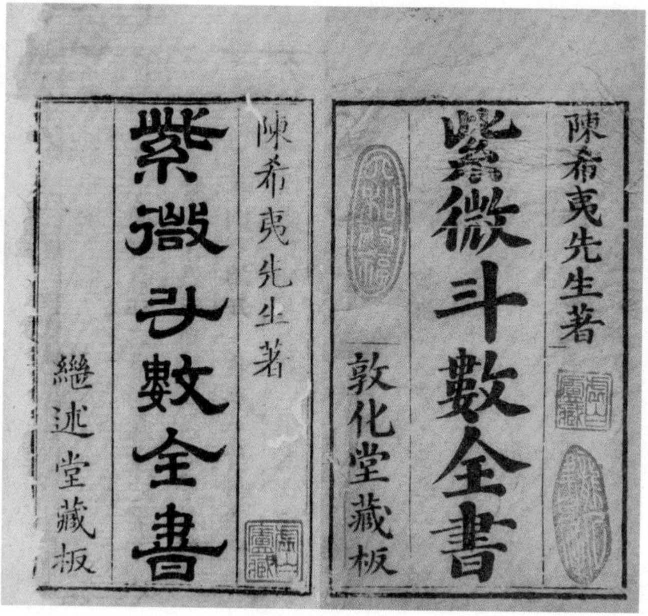

陳希夷先生著
紫微斗數全書
敦化堂藏板

陳希夷先生著
紫微斗數全書
繼述堂藏板

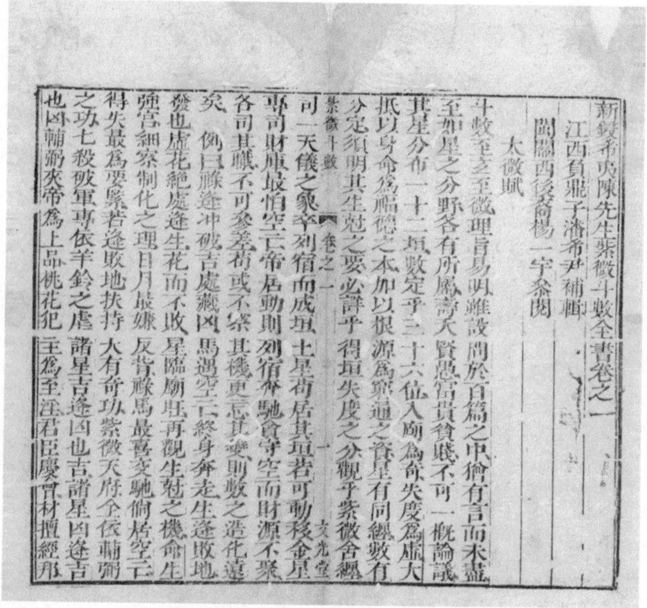

新鍥希夷陳先生紫微斗數全書卷之一
江西負鼎子潘希尹補輯
閩關西後裔楊一宇叅閱
太微賦
斗數至玄至微理肓易明雖設問於百篇之中猶有言而未盡
至如星之分野各有所屬壽夭賢愚富貴貧賤不可一概論議
其星分布一十二垣數定乎三十六位入廟為奇失度為虛大
抵以身命為福德之本加以根源為窮通之資星有同纏數有
分定須明其生尅之要必詳乎得垣失度之分觀乎紫微舍纏

紫微斗數　卷之一　一　文光堂

司一天儀之象率列宿而成垣土星苟居其垣若可動移金星
專司財庫最怕空亡帝居動則列宿奔馳貪守空而財源不聚
各司其職不可參差苟或不察其機更忘其變則數之造化遠
矣　例曰祿逢冲破吉處藏凶馬遇空亡終身奔走生逢敗地
發也虛花絕處逢生花而不敗星臨廟旺再觀生尅之機命坐
强宮細察制化之理日月最嫌反背祿馬最喜交馳倘若空亡
得失最為要緊若逢敗地扶持大有奇功紫微天府全依輔弼
之功七殺破軍專依羊鈴之虐諸星吉逢凶也吉諸星凶逢吉
也凶輔弼夾帝為上品桃花犯主為至淫君臣慶會材擅經邦

虛白廬藏明末清初文光堂木刻本《紫微斗數全書》（心一堂出版）

潘國森先生「易學與術數」講座於心一堂（香港），2017 年

潘國森先生「紫微斗數」講座於中國文化協會（香港），2015 年

目錄

心一堂術數古籍 珍本 整理 叢刊總序

術數定義

術數，大概可謂以『推算（推演）或預測人（個人、群體、國家等）、事、物、自然現象、時間、空間方位等規律及氣數，並或通過種種「方術」，從而達致趨吉避凶或某種特定目的』之知識體系和方法。

術數類別

我國術數的內容類別，歷代不盡相同。例如《漢書・藝文志》中載，漢代術數有六類：天文、曆譜、五行、蓍龜、雜占、形法。至清代《四庫全書》，術數類則有：數學、占候、相宅相墓、占卜、命書、相書、陰陽五行、雜技術等。其他如《後漢書・方術部》、《藝文類聚・方術部》、《太平御覽・方術部》等，對於術數的分類，皆有差異。古代多把天文、曆譜、及部份數學均歸入術數類，而民間流行亦視傳統醫學作為術數的一環。此外，有些術數與宗教中的方術亦往往難以分開。現代學界則常將各種術數歸納為五大類別：命、卜、相、醫、山，通稱『五術』。

本叢刊在《四庫全書》的分類基礎上，將術數分為九大類別：占筮、星命、相術、堪輿、選擇、三式、讖諱、理數（陰陽五行）、雜術（其他）。而未收天文、曆譜、算術、宗教方術、醫學。

術數思想與發展——從術到學，乃至合道

我國術數是由上古的占星、卜筮、形法等術發展下來的。其中卜筮之術，是歷經夏商周三代而通過『龜卜、蓍筮』得出卜（筮）辭的一種預測（吉凶成敗）術，之後歸納並結集成書，此即現傳之《易經》。經過春秋戰國至秦漢之際，受到當時諸子百家的影響、儒家的推崇，遂有《易傳》等的出現，原本是卜筮術書的《易經》，被提升及解讀成有包涵『天地之道（理）』之學。因此，《易・繫辭傳》曰：『易與天地準，故能彌綸天地之道。』

漢代以後，易學中的陰陽學說，與五行、九宮、干支、氣運、災變、律曆、卦氣、讖緯、天人感應說等相結合，形成易學中的象數系統。而其他原與《易經》本來沒有關係的術數，如占星、形法、選擇，亦漸漸以易理（象數學說）為依歸。《四庫全書・易類小序》云：『術數之興，多在秦漢以後。要其旨，不出乎陰陽五行，生尅制化。實皆《易》之支派，傳以雜說耳。』至此，術數可謂已由『術』發展成『學』。

及至宋代，術數理論與理學中的河圖洛書、太極圖、邵雍先天之學及皇極經世等學說給合，通過術數以演繹理學中『天地中有一太極，萬物中各有一太極』（《朱子語類》）的思想。術數理論不單已發展至十分成熟，而且也從其學理中衍生出一些新的方法或理論，如《梅花易數》、《河洛理數》等。

在傳統上，術數功能往往不止於僅僅作為趨吉避凶的方術，及『能彌綸天地之道』的學問，亦有其『修心養性』的功能：『與道合一』（修道）的內涵。《素問・上古天真論》：『上古之人，其知道者，法於陰陽，和於術數。』數之意義，不單是外在的算數、歷數、氣數，而是與理學中同等的『道』、『理』——心性的功能。北宋理氣家邵雍對此多有發揮：『聖人之心，是亦數也』、『萬化萬事生乎心』、『心為太極』；《觀物外篇》：『先天之學，心法也。……蓋天地萬物之理，盡在其中矣，心一而不分，則能應萬物。』反過來說，宋代的術數理論，受到當時理學、佛道及宋易影響，認為心性本質上是等同天地之太極。天地萬物氣數規律，能通過內觀自心而有所感知，即是內心也已具備有術數的推演及預測、感知能力：相傳是邵雍所創之《梅花易數》，便是在這樣的背景下誕生。

《易・文言傳》已有『積善之家，必有餘慶；積不善之家，必有餘殃』之說，至漢代則流行災變說及讖緯說。我國數千年來都認為天災，異常天象（自然現象），皆與一國或一地的施政者失德有關；下至家族、個人之盛衰，也都與一族一人之德行修養有關。因此，我國術數中除了吉凶盛衰理數之外，人心的德行修養，也是趨吉避凶的一個關鍵因素。

術數與宗教、修道

在這種思想之下，我國術數不單只是附屬於巫術或宗教行為的方術，又往往是一種宗教的修煉手段-通過術數，以知陰陽，乃至合陰陽（道）。『其知道者，法於陰陽，和於術數。』例如，『奇門遁甲』術中，即分為『術奇門』與『法奇門』兩大類。『法奇門』中有大量道教中符籙、手印、存想、內煉的內容，是道教內丹外法的一種重要外法修煉體系，甚至在雷法一系的修煉上，亦大量應用了術數內容。此外，相術、堪輿術中也有修煉望氣（氣的形狀、顏色）的方法；堪輿家除了選擇陰陽宅之吉凶外，也有道教中選擇適合修道環境（法、財、侶、地中的地）的方法，以至通過堪輿術觀察天地山川陰陽之氣，亦成為領悟陰陽金丹大道的一途。

易學體系以外的術數與少數民族的術數

我國術數中，也有不用或不全用易理作為其理論依據的，如揚雄的《太玄》、司馬光的《潛虛》。也有一些占卜法、雜術不屬於《易經》系統，不過對後世影響較少而已。

外來宗教及少數民族中也有不少雖受漢文化影響（如陰陽、五行、二十八宿等學說）但仍自成系統的術數，如古代的西夏、突厥、吐魯番等占卜及星占術，藏族中有多種藏傳佛教占卜術、苯教占卜術、擇吉術、推命術、相術等；北方少數民族有薩滿教占卜術；不少少數民族如水族、白族、布朗族、佤族、彝族、苗族等，皆有占雞（卦）草卜、雞蛋卜等術，納西族的占星術、占卜術，彝族畢摩的推命術、占卜術……等等，都是屬於《易經》體系以外的術數。相對上，外國傳入的術數以及其理論，對我國術數影響更大。

曆法、推步術與外來術數的影響

我國的術數與曆法的關係非常緊密。早期的術數中，很多是利用星宿或星宿組合的位置（如某星在某州或某宮某度）付予某種吉凶意義，并據之以推演，例如歲星（木星）、月將（某月太陽所躔之宮次）等。不過，由於不同的古代曆法推步的誤差及歲差的問題，若干年後，其術數所用之星辰的位置，已與真實星辰的位置不一樣了；比如歲星（木星），早期的曆法及術數以十二年為一周期（以應地支），與木星真實周期十一點八六年，每幾十年便錯一宮。後來術家又設一『太歲』的假想星體來解決，是歲星運行的相反，週期亦剛好是十二年。而術數中的神煞，很多即是根據太歲的位置而定。又如六壬術中的『月將』，原是立春節氣後太陽躔娵訾之次而稱作『登明亥將』，至宋代，因歲差的關係，要到雨水節氣後太陽才躔娵訾之次，當時沈括提出了修正，但明清時六壬術中『月將』仍然沿用宋代沈括修正的起法沒有再修正。

由於以真實星象周期的推步術是非常繁複，而且古代星象推步術本身亦有不少誤差，大多數術數除依曆書保留了太陽（節氣）、太陰（月相）的簡單宮次計算外，漸漸形成根據干支、日月等的各自起例，以起出其他具有不同含義的眾多假想星象及神煞系統。唐宋以後，我國絕大部份術數都主要沿用這一系統，也出現了不少完全脫離真實星象的術數，如『子平術』、『紫微斗數』、『鐵版神數』等。後來就連一些利用真實星辰位置的術數，如『七政四餘術』及選擇法中的『天星選擇』，也已與假想星象及神煞混合而使用了。

隨着古代外國曆（推步）、術數的傳入，如唐代傳入的印度曆法及術數，元代傳入的回回曆等，其中我國占星術便吸收了印度占星術中羅睺星、計都星等而形成四餘星，又通過阿拉伯占星術而吸收了其中來自希臘、巴比倫占星術的黃道十二宮、四元素學說（地、水、火、風），並與我國傳統的二十八宿、五行說、神煞系統並存而形成『七政四餘術』。此外，一些術數中的北斗星名，不用我國傳統的星名：天樞、天璇、天璣、天權、玉衡、開陽、搖光，而是使用來自印度梵文所譯的：貪狼、巨門、祿存、文曲、廉貞、武曲、破軍等，此明顯是受到唐代從印度傳入的曆法及占星術所影響。如星命術的《紫微斗數》及堪輿術的《撼龍經》等文獻中，其星皆用印度譯名。及至清初《時憲曆》，置閏之法則改用西法『定氣』。清代以後的術數，又作過不少的調整。

陰陽學——術數在古代、官方管理及外國的影響

術數在古代社會中一直扮演着一個非常重要的角色，影響層面不單只是某一階層、某一職業、某一年齡的人，而是上自帝王，下至普通百姓，從出生到死亡，不論是生活上的小事如洗髮、出行等，大事如建房、入伙、出兵等，從個人、家族以至國家，從天文、氣象、地理到人

事、軍事，從民俗、學術到宗教，都離不開術數的應用。我國最晚在唐代開始，已把以上術數之學，稱作陰陽（學），行術數者稱陰陽人（敦煌文書、斯四三二七唐《師師漫語話》：『以下說陰陽人謾語話』，此說法後來傳入日本，今日本人稱行術數者為『陰陽師』）。一直到了清末，欽天監中負責陰陽術數的官員中，以及民間術數之士，仍名陰陽生。

古代政府中的欽天監（司天監），除了負責天文、曆法、輿地之外，亦精通其他如星占、選擇、堪輿等術數，除在皇室人員及朝庭中應用外，也定期頒行日書、修定術數，使民間對於天文、日曆用事吉凶及使用其他術數時，有所依從。

中國古代政府對官方及民間陰陽學及陰陽官員，從其內容、人員的選拔、培訓、認證、考核、律法監管等，都有制度。至明清兩代，其制度更為完善、嚴格。

宋代官學之中，課程中已有陰陽學及其考試的內容。宋徽宗崇寧三年（一一零四年）崇寧算學令：『諸學生習……並曆算、三式。』，『諸試……三式即射覆及預占三日陰陽風雨。天文即預定一月或一季分野災祥，並以依經備草合問為通』。

金代司天臺，從民間『草澤人』（即民間習術數之士）考試選拔：『其試之制，以《宣明曆》試推步，及《婚書》、《地理新書》試合婚、安葬，並《易》筮法，六壬課、三命、五星之術。』（《金史》卷五十一・志第三十二・選舉一）

元代為進一步加強官方陰陽學對民間的影響、管理、控制及培育，除沿襲宋代、金代在司天監掌管陰陽學及中央的官學陰陽學課程之外，更在地方上增設陰陽學之課程（《元史・選舉志一》：『世祖至元二十八年夏六月始置諸路陰陽學。』）。地方上也設陰陽學教授員，培育及管轄地方陰陽人（《元史・選舉志一》：『延祐初，令陰陽人依儒醫例，於路、府、州設教授員，凡陰陽人皆管轄之，而上屬於太史焉。』）。自此，民間的陰陽術士（陰陽人），被納入官方的管轄之下。

至明清兩代，陰陽學制度更為完善。中央欽天監掌管陰陽學，明代地方縣設陰陽學正術，各州設陰陽學典術，各縣設陰陽學訓術。陰陽人從地方陰陽學肄業或被選拔出來後，再送到欽天監考試（《大明會典》卷二二三：『凡天下府州縣舉到陰陽人堪任正術等官者，俱從吏部送，考中，送回選用；不中者發回原籍為民，原保官吏治罪。』）。清代大致沿用明制，凡陰陽術數之流，悉歸中央欽天監及地方陰陽官員管理、培訓、認證。至今尚有『紹興府陰陽印』、『東光縣陰陽學記』等明代銅印，及某某縣某某之清代陰陽執照等傳世。

清代欽天監漏刻科對官員要求甚為嚴格。《大清會典》『國子監』規定：『凡算學之教，設肄業生。滿洲十有二人，蒙古、漢軍各六人，於各旗官學內考取。漢十有二人，於舉人、貢監生童內考取。附學生二十四人，由欽天監選送。教以天文演算法諸書，五年學業有成，舉人引見以欽天監博士用，貢監生童以天文生補用。』學生在官學肄業、貢監生肄業或考得舉人後，經過了五年對天文、算法、陰陽學的學習，其中精通陰陽術數者，會送往漏刻科。而在欽天監供職的官員，《大清會典則例》『欽天監』規定：『本監官生三年考核一次，術業精通者，保題升用。不及者，停其升轉，再加學習。如能黽勉供職，即予開複。仍不及者，降職一等，再令學習三年，能習熟者，准予開複，仍不能者，黜退。』除定期考核以定其升用降職外，《大清律例》中對陰陽術士不準確的推斷（妄言禍福）是要治罪的。《大清律例・一七八・術七・妄言禍福》：『凡陰陽術士不許於大小文武官員之家妄言禍福，違者杖一百。其依經推算星命卜課，不在禁限。』大小文武官員延請的陰陽術士，自然是以欽天監漏刻科官員或地方陰陽官員為主。

官方陰陽學制度也影響鄰國如朝鮮、日本、越南等地，一直到了民國時期，鄰國仍然沿用着我國的多種術數。而我國的漢族術數，在古代甚至影響遍及西夏、突厥、吐蕃、阿拉伯、印度、東南亞諸國。

術數研究

術數在我國古代社會雖然影響深遠，『是傳統中國理念中的一門科學，從傳統的陰陽、五行、九宮、八卦、河圖、洛書等觀念作大自然的研究。……傳統中國的天文學、數學、煉丹術等，要到上世紀中葉始受世界學者肯定。可是，術數還未受到應得的注意。術數在傳統中國科技史、思想史，文化史、社會史，甚至軍事史都有一定的影響。……更進一步了解術數，我們將更能了解中國歷史的全貌。』（何丙郁《術數、天文與醫學中國科技史的新視野》，香港城市大學中國文化中心）

可是術數至今一直不受正統學界所重視，加上術家藏秘自珍，又揚言天機不可洩漏，『（術數）乃吾國科學與哲學融貫而成一種學說，數千年來傳衍嬗變，或隱或現，全賴一二有心人為之繼續維繫，賴以不絕，其中確有學術上研究之價值，非徒癡人說夢，荒誕不經之謂也。其所以至今不能在科學中成立一種地位者，實有數困。蓋古代士大夫階級目醫卜星相為九流之學，多恥道之；而發明諸大師又故為惝恍迷離之辭，以待後人探索；間有一二賢者有所發明，亦秘莫如深，既恐洩天地之秘，復恐譏為旁門左道，始終不肯公開研究，成立一有系統說明之書籍，貽之後世。故居今日而欲研究此種學術，實一極困難之事。』（民國徐樂吾《子平真詮評註》，方重審《序》）

現存的術數古籍，除極少數是唐、宋、元的版本外，絕大多數是明、清兩代的版本。其內容也主要是明、清兩代流行的術數，唐宋以前的術數及其書籍，大部份均已失傳，只能從史料記載、出土文獻、敦煌遺書中稍窺一鱗半爪。

術數版本

坊間術數古籍版本，大多是晚清書坊之翻刻本及民國書賈之重排本，其中豕亥魚魯，或而任意增刪，往往文意全非，以至不能卒讀。現今不論是術數愛好者，還是民俗、史學、社會、文化、版本等學術研究者，要想得一常見術數書籍的善本、原版，已經非常困難，更遑論稿本、鈔本、孤本。在文獻不足及缺乏善本的情況下，要想對術數的源流、理法、及其影響，作全面深入的研究，幾不可能。

有見及此，本叢刊編校小組經多年努力及多方協助，在中國、韓國、日本等地區搜羅了一九四九年以前漢文為主的術數類善本、珍本、鈔本、孤本、稿本、批校本等數百種，精選出其中最佳版本，分別輯入兩個系列：

一、心一堂術數古籍珍本叢刊

二、心一堂術數古籍整理叢刊

前者以最新數碼技術清理、修復珍本原本的版面，更正明顯的錯訛，部分善本更以原色精印，務求更勝原本，以饗讀者。後者延請、稿約有關專家、學者，以善本、珍本等作底本，參以其他版本，籍進行審定、校勘、注釋，務求打造一最善版本，及現代人閱讀、理解、研究等之用。不過，限於編校小組的水平，版本選擇及考證、文字修正、提要內容等方面，恐有疏漏及舛誤之處，懇請方家不吝指正。

心一堂術數古籍 珍本 整理 叢刊編校小組

二零一三年九月修訂

心一堂術數古術整理叢刊・星命類

12

《紫微斗數全書》（虛白廬藏明末清初文光堂木刻本）簡介

《紫微斗數全書》。題【宋】陳希夷撰、【明】潘希尹補輯。四卷。線裝四冊。【明】嘉靖庚戌（一五五零）羅洪序。明末清初文光堂木刻本。虛白廬藏【清】敦化堂刊本、【清】繼述堂刊本。

紫微斗數，或稱「飛星紫微斗數」，相傳為【宋】陳希夷所創星命術。據【清】何汝樫《地星會源》說法，飛星講[算]命，有三種：一是「紫微斗數」（即本書）、一是「小飛星」（當即《續道藏》中的「紫微斗數」（「術天機」），及《合併十八飛星紫微斗數全集》中的「十八飛星」）。第三種是《地星會源》的飛星術。然而，流傳至今的，則只有第一種「紫微斗數」尚流行。坊間紫微斗數古籍稀少，幾十年來，有關第一種「紫微斗數」古籍刻本，只有《紫微斗數全集》及《紫微斗數全書》兩種而已。便加上【明】萬曆刊本《紫微斗數捷覽》、以及虛白廬藏紫微斗數古鈔本如《斗數綱要》、《斗數秘鈔》、《斗數演例》、《紫微斗數之捷徑》，以及民國王裁珊《斗數宣微》（初集）（二集）、《斗數觀測錄》（以上皆輯入心一堂術數古籍珍本叢刊），也只寥寥數種。

由於坊間幾十年來「紫微斗數」古籍，只有據晚清木刻翻刻本《紫微斗數全集》及民國石印本《紫微斗數全書》翻印的版本流通；兩版本皆豕亥魚魯，錯字極多，尤其後者，是所見民國石印版術數書中錯誤最多的。如民國石印本《全書》中，對比明末清初文光堂木刻版本，每頁俱有多處錯誤：如編者「負鼎子」誤作「負子子」、「定男女竹蘿三限」中的「帝星局」誤作「帝皇局」（成了幾十年來斗數的不解之迷）、〈太微賦〉「水澄桂萼」格局，「太陰居子」誤作「太陰居丑」、「遇殺與擎羊，乃流年最忌。」誤作「遇殺無制乃流年最忌。」、「數位定逢駁雜」誤作「數位並無駁雜」、「蓋以水火勻配」誤作「蓋以水淘溶」、安四化中的「庚日武同陰」誤作「庚日武陰同」、尚有「諸星廟旺利陷表」中諸多錯誤等等，情況極之嚴重。致使多年來研究「紫微斗數」術者，對《全書》內容難以理解，前後矛盾，各家註解眾說紛紜，莫衷一是。幾十年來學界多懷疑《全書》內容真偽，甚至有《全書》七假三真之說。此皆由於欠缺「紫微斗數」古籍善本所致。

有見及此，是次結合兩種虛白廬藏《紫微斗數全書》善本：清刷明末清初文光堂木刻本（敦化堂刊本、繼述堂刊本）修復清理以原（彩）色精印出版。兩者皆以明末清初文光堂木刻板刷刊，前者年代略早，後者有朱墨點校。是現存在世已知最接近《全書》原貌的版本，可說是《全書》的真本，可較正錯字極多的坊本（來自民國石印本）。尚有虛白廬藏明末清初刻善本《紫微斗數全集》即將出版。可正數十年來坊本「紫微斗數」之誤及不解處。并作術數資料保存，及供同道中人參考研究。

《紫微斗數全書》古訣辨正　前言

「紫微斗數」是現時坊間最流行的傳統「命理學說（算命術）」之一。現代「紫微斗數」的發展基礎主要源於二十世紀七、八十年代台灣、香港兩地出版的《紫微斗數全書》和《紫微斗數全集》。前者據民國石印版翻印或重排，後者據清末木刻本翻印。可惜受到條件所限，兩種版本俱不是善本，其版本本身錯誤很多，特別是現今坊本《紫微斗數全書》，根據錯漏百出的民國石印版翻印、重排，產生很多嚴重錯漏，導致日後不同門派爭論不休。至今未止。

本書率先引用了紫微斗數的善本文獻——心一堂出版虛白廬藏明末清初文光堂木刻真本《紫微斗數全書》與現今坊本《紫微斗數全書》互校，選取了現今坊本《紫微斗數全書》其中部份比較嚴重的錯誤，并一一詳細說明分析，解開斗數界數十年來的爭論及謎團！

讀者宜與《潘國森斗數教程（一）：入門篇》及《斗數詳批蔣介石》並讀，當可以較短時間，掌握紫微斗數論命的基礎法門，為進階、登堂、入室奠定穩固基礎。再進一步參考紫微斗數古籍善本：《新刻纂集紫微斗數捷覽》（明萬曆刊本）、《紫微斗數全書》（虛白廬藏明末清初文光堂木刻本）、《紫微斗數全集》（虛白廬藏明末清初刻本）、民國王裁珊《斗數宣微》（初集）（二集）、《斗數觀測錄》、虛白廬藏紫微斗數古鈔本如《地星會源》、《斗數綱要》、《斗數秘鈔》、《斗數演例》、《紫微斗數之捷徑》等。（以上皆輯入心一堂術數古籍珍本叢刊・星命類・紫微斗數系列）。

紫微斗數建議參考書籍

研究紫微斗數，希望更上一層樓，必須正本尋源，了解斗數中安星、星耀、推斷方式的原本面貌及以其發展演變。民國初年以前，斗數古籍稀少，俱是必讀之作。另外酌選現代著作數種，列表如下：

書名	作者、編者	說明
《紫微斗數捷覽(明刊孤本)附點校本》＊	馮一、心一堂術數古籍整理編校小組	是現存唯一的明刊本「紫微斗數」古籍，是海內孤本。其輯入斗數歌訣、文字內容，不少未見於《全集》及《全書》，是「紫微斗數」十分珍稀的文獻資
《紫微斗數全集》(虛白廬藏明末清初刻本)＊	題【宋】陳摶	「紫微斗數」必讀古籍。坊本錯漏百出，本書是首次公開的善本，可訂正其訛誤。
《紫微斗數全書》(虛白廬藏明末清初文光堂木刻本)＊	題【宋】陳摶	「紫微斗數」必讀古籍。坊本錯漏百出，本書是首次公開的善本，可訂正其訛誤。
《斗數演例》＊		虛白廬藏民國稿鈔本。書中除以作者秘傳所學，訂正坊本斗數內容外，也有坊本所無秘傳斷訣。也對斗數安星法加以訂正、整理；也對斗數推斷，如何應用在民國新社會，提出經驗。

《地星會源》、《斗數綱要》合刊*	【清】何汝棰	《地星會源》失傳第三種飛星講[算]命(斗數)：「看會合沖破、隨機應變，無不參觀如響，顯而易明」。《斗數綱要》，乃摘錄《全集》及《全書》部份，再夾以心得補註。對照比較，當可收互補長短、觸類旁通之效。
《斗數祕鈔》、《紫微斗數之捷徑》合刊*		兩種斗數古鈔本首次公開，摘錄《全集》及《全書》部份，再夾以心得補註。對照比較，當可收互補長短、觸類旁通之效。
《文昌斗數》、《紫微斗數舊鈔本》合刊*		兩種斗數古鈔本首次公開。
斗數宣微*	【民國】王裁珊	斗數中承先啟後重要著作，明清之《全集》及《全書》，對斗數安星法、推斷原則及方法加以訂正、整理、簡化，對斗數古書的論說加以修正及發展。
斗數觀測錄*	【民國】王裁珊	《斗數宣微》第三集，對斗數星曜性情、性質、推算之理，在堪輿、占卜上之應用，「十二宮假借拆用」等法，皆比二集有更深入、細緻的推演及發明，并有大量斷驗解說。
紫微斗數講義(二)	陸斌兆編著王亭之補註	以十四正曜為經、命身十二宮為緯。內容井然有序，體例勝過古籍。
中州派紫微斗數(深造講義)	王亭之著	以紫微在十二宮之正曜組合為經，強調星系組合，耳目一新，討論十干四化性質尤稱詳盡。
《斗數詳批蔣介石》*	潘國森著	已公開刊行篇幅最長之紫微斗數批書，並介紹推算大運流年的程序。
《潘國森斗數教程（一）》*	潘國森著	重新整理斗數起盤口訣，淺論星曜性質與十二宮推算，並簡介清高宗乾隆（大貴之命）、晉代石崇（大富之命）及宋代蘇軾（文豪之命）三人名格。

*心一堂出版書籍

普查法——斗數古訣辨正之不二法門（代序）

《紫微斗數全書》與《紫微斗數全集》是研習紫微斗數不可缺少的參考書，然而古人惜墨如金，再兼受篇幅限制，經常言簡意賅，未能事事細緻解說、和盤托出。前賢雖然留下重要的竅訣，但是沒有篇撰現代教科書的概念，較多以辭賦體韻文紀錄重點。因為要遷就格律格式，未能用循序漸進的筆法介紹，難免給後人有雜亂無章的感覺。許多時前賢認為簡單易明的道理，亦無法預見後人感到難讀。以上種種，都是令到《全書》與《全集》難讀的原因。

二十世紀中葉以後出生的中國讀書人，習慣了新式鉛印書籍，不知清末民初以後，有心人將舊籍刊行時，在抄寫重排的過程中容易出錯。因此研究任何一門古老學問，必須以古舊善本與當代坊間流行的通行本對校。

坊本《紫微斗數全書》錯訛甚多，若只讀坊本就難明前賢教導，皆因書商若一時不解，常按私意竄改，令到書中個別條目自相矛盾，嚴重的甚至意義截然相反！

本作以心一堂重刊的虛白廬藏明末清初文光堂木刻本《紫微斗數全書》對比參考，挑選一些嚴重錯訛，或解說未詳的口訣，詳加分析，以嚮讀者。

至於深入研習口訣，必須借用現代治學的「普查法」（census）。任何格局，不論那些正曜（紫微等十四曜）坐於何宮位（子丑寅卯等十二宮），都要臚列十干四化的影響，還要粗略看四至五個大運，才可以初步判定格局高下。再者，古人與民國時代前賢在談論格局時經常只考慮正曜星系的四化，有些暗藏「祿權夾」、「科權夾」、「祿科夾」等格局未有明確點出。還有「科明祿暗」和「明祿暗祿」兩大系列格局，其實不可以輕言都是佳格大格，因為凡遇「暗祿」，「命身宮群」（可參考拙著《潘國森斗數教程（一）：入門篇》）易受擎羊和陀羅兩大凶煞衝射。

最後要感謝杜志昌先生的寶貴意見，與及陳卓霞小姐細心校對。

南海潘國森謹識

二零一六年丙申冬至

第一章　古訣辨正（一）：水澄桂萼

紫微斗數經歷民國時代許多前賢致力的「現代化」，令這一門算命術數更易普及，他們用了二十世紀新興的「白話文」重新介紹古籍中的竅門，讀者稱便。但是受到條件所限，許多這個時代重排復刊的典籍因為編校疏忽，產生不少嚴重錯漏，導致日後不同門派爭論不休。

近年許多珍貴古抄本、古刊本面世，有助於對校最流行的兩部名著，即《紫微斗數全書》和《紫微斗數全集》（編按：讀者可參考《心一堂術數珍本古籍叢刊．星命類》的一系列已刊行及即將出版的斗數珍本）。

《紫微斗數全書》卷一〈太微賦〉有提到「水澄桂萼」的格局，坊間流行的「竹林本」（鉛字重排）作「太陰居丑」，按「虛白廬藏明末清初文光堂木刻本」，應該是「太陰居子」：

太陽居午，謂之「日麗中天」；有專權之貴，敵國之富。

太陰居子，號曰「水澄桂萼」；得清要之職，忠諫之材。

一派說「居子」，一派說「居丑」。

這樣就令斗數界分成兩派！

中國傳統術數典籍，每每用韻文形式來撰寫重點，編成歌訣，方便後學背誦記憶。

這裡以太陽居午宮（獨坐對天梁）和太陰居子宮（必有天同同宮）做對比。

除了比較版本之外，還要拿《全書》其他章節互證。

首先，在《太微賦》之內已有答案，下文有謂：

日月守，不如照合。

蔭福聚，不怕凶危。

所謂「日月守」，是指太陽太陰同在丑宮或未宮。「照合」，則是在三方四正同時見太陽太陰。賦文的說法，是認為甚至命宮在未宮無正曜而對照丑宮太陽太陰，也比命宮在丑宮而日月同守為佳。這就說明「太陰居丑」（必有太陽同宮）不是很好的格局。那還怎能成為「水澄桂萼」呢？

這是「反證」。

附帶一提，「蔭」指天梁、「福」指天同，即是命宮見寅申宮的天同天梁同宮「不怕凶危」。

還有「正證」。

《全書》卷三〈論諸星同位垣各司所宜分別富貴貧賤夭壽〉有謂：

太陰居子，丙丁富貴忠良。

這節沒有提及「太陰居丑」有甚麼大格局。反而說：

日月命身居丑未，三方無吉反為凶。

《全書》中所有證據，都證明「水澄桂萼」以「太陰居子」為正，「太陰居丑」必屬誤刊無疑。

先談丙生人。

丙干天同化祿，會辰宮天機化權天梁，羊陀會照。

丙生人「水澄桂萼」格，還有以下條件：

(一) 夜生人更佳，即申酉戌亥子丑六時生，以太陰為中天主星。

(二) 會文昌化科更佳，構成「祿權科會」。

(三) 宜見「百官朝拱」。

（四）不宜再見火星、鈴星，否則會構成「三煞併照」，甚至「四煞併照」。陽年生人（子、寅、辰、午、申、戌），火星與鈴星能夠會照到某些宮位。

再談丁生人。

丁干太陰化祿、天同化權、天機化科、巨門化忌。

丁生人「水澄桂蕚」格，還有以下條件：

（一）夜生人更佳。

（二）宜見「百官朝拱」。

（三）因不見羊陀，反而以稍見火星或鈴星為宜，否則祿重而無煞曜刺激，有可能令當事人耽於逸樂。請注意，陰年生人（丑、卯、巳、未、酉、亥），火星與鈴星必不相會。

七殺 紫微 祿存 傍截空 天官 癸巳 友屬宮	▲擎羊 甲午 遷移宮	乙未 疾厄宮	丙申 財帛宮
天機㊌ 天梁 ▲陀羅 正截空 壬辰 事業宮	太陰在子安命「水澄桂萼」格		廉貞㊍ 破軍 天鉞 丁酉 子女宮
天相 辛卯 田宅宮			戊戌 夫妻宮
太陽 巨門 庚寅 福德宮	武曲 貪狼 辛丑 父母宮	太陰 天同㊎ 天廚 天福 庚子 命宮	天府 天魁 己亥 兄弟宮

圖一：丙年生人

水澄桂蕚丙生人合格，天同化祿會天機化權，加會文昌化科更佳。

男命第三大運庚寅，太陽化祿見祿馬交馳。第四大運辛卯，天相被巨門化祿太陽化權與天機化權天梁相夾。第五大運壬辰，天梁化祿天機化權，都是有發展的大運。第六大運癸巳，紫微七殺會破軍化祿，本會天同化祿天機化權夾，但是會貪狼化忌廉貞化忌，吉凶交集，須細察流年以定進退。

女命第二大運己亥，天府借會武曲化祿貪狼化權，如不受文曲化忌破壞當屬佳運。但此格行運女不如男，二十年青年運見化忌。第三大運戊戌，天機化權再化忌，會太陽化科太陰化權，兩重羊陀為權忌相衝，視乎左輔右弼、文昌文曲、火星鈴星所在宮位，方可判斷順逆。第四大運丁酉，廉貞化忌會「刑忌夾印」（巨門化忌與天梁夾天相）。第五大運丙申，天同雙化祿天機雙化權，加強原局祿權，可許佳運，但亦受前兩運實際吉凶影響。

各大運流盤從略，讀者可按第一章所述，作為練習。

七殺 紫微 ▲陀羅 天廚 乙巳 友屬宮	祿存 丙午 遷移宮	▲擎羊 丁未 疾厄宮	戊申 財帛宮
天機㊋ 天梁 甲辰 事業宮	太陰在子安命「水澄桂萼」格		廉貞 破軍 天鉞 己酉 子女宮
天相 正截空 癸卯 田宅宮			庚戌 夫妻宮
太陽 巨門㊗ 傍截空 天官 壬寅 福德宮	武曲 貪狼 癸丑 父母宮	太陰㊑ 天同㊒ 壬子 命宮	天府 天魁 天福 辛亥 兄弟宮

圖二：丁年生人

水澄桂萼丁生人合格，四化齊會，雙祿交流。但不及丙生人，因「紫府系」八正曜全不得祿。天相又成「刑忌夾印」。

此格男命第三大運庚戌，見原局四化及大運太陽化祿天同化忌。第四大運己酉，會武曲化祿貪狼化權。第五大運戊申，見原局四化及大運太陰化權、太陽化科、天機化忌，都是有發展的大運。唯庚戌、戊申兩大運皆見兩化忌，艱辛難免。

此格女命行運亦遜於男命，主要在夫妻宮屢為惡曜影響。第二大運癸丑，貪狼化忌，若為巳酉丑年生人，丑宮為貪居旺宮格。丑宮桃花重（本宮已見天鉞單星），因大運福德宮為刑忌夾印，影響到夫妻宮的天府，有可能因感情問題影響後運。第三大運壬寅，命宮巨門化忌，因借星安宮，亦影響夫妻宮。第四大運癸卯，命宮刑忌夾印，夫妻宮貪狼化忌。第五大運甲辰，夫妻宮太陽巨門雙化忌。第六大運乙巳，紫微化科，但夫妻宮刑忌夾印。

第二章　考察百官朝拱（以日麗中天為例）

前面分析過「水澄桂蕚」，此下談談「日麗中天」。

此格有幾個條件：

（一）日生人為佳，即寅卯辰巳午未六個時辰出生，以太陽為中天主星。

（二）命宮三方四正見祿而煞輕。祿是化祿或祿存；煞輕指在火星、鈴星、擎羊、陀羅這四煞之中，沒有構成「三煞併照」或「四煞併照」，而同在午宮則不宜有兩顆煞星同宮。

（三）百官朝拱。即六吉祿馬與貴吉雜曜。前者共四對，即左輔右弼、天魁天鉞、文昌文曲、祿存天馬；後者共五對，即天官天福、三台八座、恩光天貴、台輔封誥、龍池鳳閣。大概三四對以上才算合格。但又不宜過多，否則行運時就缺少輔助。

《紫微斗數全書》卷三〈論諸星同位垣各司所宜分別富貴貧賤夭壽〉有謂：

太陽居午，庚辛丁己人富貴雙全。

由生年可以得知四化星，十二宮宮干，祿、馬、羊、陀、魁、鉞六助曜，與及天官天福等干系雜曜所在宮位。此下淺論庚、辛、丁、己年生人的基本結構，其實癸生人亦佳。

補充一點，太陽在子午宮安命，對宮天梁，兩個三合宮一為巨門，一為空宮，空宮的對宮是天機太陰，須要借星。換言之，太陽在子午宮的星系，三方四正涉及日月系六曜中共五曜，只是不見天同。以太陽在午宮為例，三方四正除了子、寅、戌之外，還要借申宮，只是不見辰宮（夫妻宮）的天同。這樣的結構，更容易形成「百官朝拱」！紫微和天梁兩正曜同樣喜居午宮，但是不如太陽那樣有借星。讀者宜細心玩味！

武曲(權) 破軍 兄弟宮 辛巳	太陽(祿) 正截空 天福 命宮 壬午	天府(科) 天鉞 ▲陀羅 傍截空 父母宮 癸未	天機 太陰 祿存 福德宮 甲申
天同(忌) 夫妻宮 庚辰	太陽午宮安命「日麗中天」格		紫微 貪狼 ▲擎羊 田宅宮 乙酉
子女宮 己卯			巨門 事業宮 丙戌
天廚 財帛宮 戊寅	廉貞 七殺 天魁 疾厄宮 己丑	天梁 遷移宮 戊子	天相 天官 友屬宮 丁亥

圖一：庚年生人

本格太陽化祿在午，因寅宮無正曜，借申宮太陰天機祿存，為雙祿交流格，宜日生人兼見百官朝拱。

男命第二大運癸未，天府無祿，坐貴向貴，利於守成，少年運較難發展。第三大運甲申，天機太陰會疊祿馬交馳，宜遠方進財。第四大運乙酉，紫微化科得祿，可獨當一面。第五大運丙戌，巨門得魁鉞夾，照天同化忌再化祿，借會天機化權，宜預防是非口舌。第六大運丁亥，天相得巨門化忌來夾，成為刑忌夾印格，但所會天府為太陽化祿、太陰化祿相夾，成日月夾財之佳構。因命宮為太陽，生平須防是非、中傷、誹謗。

女命大運逆行，讀者可按前一章所述，自行研判各大運的基本運勢。

武曲 破軍 正截空 天福 癸巳 兄弟宮	太陽 ㊔ 天魁 天廚 甲午 命宮	天府 乙未 父母宮	天機 太陰 ▲陀羅 丙申 福德宮
天同 傍截空 壬辰 夫妻宮	太陽午宮安命「日麗中天」格		紫微 貪狼 祿存 天官 丁酉 田宅宮
辛卯 子女宮			巨門 ㊗ ▲擎羊 戊戌 事業宮
天鉞 庚寅 財帛宮	廉貞 七殺 辛丑 疾厄宮	天梁 庚子 遷移宮	天相 己亥 友屬宮

圖二：辛年生人

此格太陽化權會巨門化祿，容易得異族人（或異鄉人）好處，會天魁天鉞對星，多良好際遇，借星天機太陰之後，見羊陀並照，人生較奔波。格局高下仍需視文曲化科、文昌化忌及輔弼、火鈴、空劫落在何宮，方能定奪。

男命大運逆行，初運甲午「廉破武陽」，二運癸巳「破巨陰貪」，三運壬辰「梁紫府武」，四運辛卯「巨陽曲昌」，五運庚寅「陽武府同」，六運辛丑「巨陽曲昌」，七運庚子「陽武府同」。此格行兩次疊辛運（辛命辛運）

女命大運順行，初運甲午「廉破武陽」，二運乙未「機梁紫陰」，三運丙申「同機昌廉」，四運丁酉「陰同機巨」，五運戊戌「貪陰陽機」，六運己亥「武貪梁曲」，七運庚子「陽武府同」。

不論男女命，各大運相對平和，是為此格的特色，讀者可自行飛星，作為練習。

武曲 破軍 ▲陀羅 天廚 乙巳 兄弟宮	太陽 祿存 丙午 命宮	天府 ▲擎羊 丁未 父母宮	天機(科) 太陰(祿) 戊申 福德宮
天同(權) 甲辰 夫妻宮	太陽午宮安命「日麗中天」格		紫微 貪狼 天鉞 己酉 田宅宮
正截空 癸卯 子女宮			巨門(忌) 庚戌 事業宮
傍截空 天官 壬寅 財帛宮	廉貞 七殺 癸丑 疾厄宮	天梁 壬子 遷移宮	天相 天魁 天福 辛亥 友屬宮

圖三：丁年生人

本格命宮見祿存，借會太陰化祿、天機化科，為雙祿交流格。

男命大運逆行，女命大運順行。

讀者可按前述，臚列各大運飛星情況，評斷格局高低，作為練習。

武曲㊣祿 破軍 ▲陀羅 己巳 兄弟宮	太陽 祿存 庚午 命宮	天府 ▲擎羊 辛未 父母宮	天機 太陰 天鉞 天廚 傍截空 壬申 福德宮
天同 戊辰 夫妻宮	太陽午宮安命「日麗中天」格		紫微 貪狼㊣權 正截空 天官 癸酉 田宅宮
丁卯 子女宮			巨門 甲戌 事業宮
天福 丙寅 財帛宮	廉貞 七殺 丁丑 疾厄宮	天梁㊣科 天魁 丙子 遷移宮	天相 乙亥 友屬宮

圖四：己年生人

本格亦是太陽祿存同宮，借會天魁天鉞對星。請注意遷移宮為「天梁加吉坐遷移，高商巨賈」，大利遠方貿易，可以致富。在現代可以先富後貴。

男命大運逆行，女命大運順行，各運吉凶順逆，亦作為讀者練習之用。

武曲 破軍㊦祿 天鉞 天廚 天福 兄弟宮 丁巳	太陽 天官 命宮 戊午	天府 父母宮 己未	天機 太陰㊦科 福德宮 庚申
天同 夫妻宮 丙辰	太陽午宮安命「日麗中天」格		紫微 貪狼㊦忌 田宅宮 辛酉
天魁 子女宮 乙卯			巨門㊦權 事業宮 壬戌
財帛宮 甲寅	廉貞 七殺 ▲擎羊 正截空 疾厄宮 乙丑	天梁 祿存 傍截空 遷移宮 甲子	天相 ▲陀羅 友屬宮 癸亥

圖五：癸年生人

《全書》只提庚辛丁己人合格，其實癸生人亦佳。癸生人祿存在遷移宮，會巨門化權及借會太陰化科，亦構成「天梁加吉坐遷移」的吉格。天梁守命不喜祿存同宮，在遷移宮則無妨，此為同一星系入十二宮有不同喜忌之例。

男命大運逆行，女命大運順行，討論從略，作為讀者練習之用。

命宮的宮位所在，其實含了其他資訊。如果讀者熟知起盤辦法，當知命宮由當事人的生月和生時決定。

重溫相關表格（見《潘國森斗數教程（一）：入門篇》第四章第二節）：

起命宮表（生月、生時）

生時＼生月	正	二	三	四	五	六	七	八	九	十	十一	十二
子	寅	卯	辰	巳	午	未	申	酉	戌	亥	子	丑
丑	丑	寅	卯	辰	巳	午	未	申	酉	戌	亥	子
寅	子	丑	寅	卯	辰	巳	午	未	申	酉	戌	亥
卯	亥	子	丑	寅	卯	辰	巳	午	未	申	酉	戌
辰	戌	亥	子	丑	寅	卯	辰	巳	午	未	申	酉
巳	酉	戌	亥	子	丑	寅	卯	辰	巳	午	未	申
午	申	酉	戌	亥	子	丑	寅	卯	辰	巳	午	未
未	未	申	酉	戌	亥	子	丑	寅	卯	辰	巳	午
申	午	未	申	酉	戌	亥	子	丑	寅	卯	辰	巳
酉	巳	午	未	申	酉	戌	亥	子	丑	寅	卯	辰
戌	辰	巳	午	未	申	酉	戌	亥	子	丑	寅	卯
亥	卯	辰	巳	午	未	申	酉	戌	亥	子	丑	寅

由前表逆推，可知午宮安命有十二組生月配生時的組合：

正月申時
二月酉時
三月戌時
四月亥時
五月子時
六月丑時
七月寅時
八月卯時
九月辰時
十月巳時
十一月午時
十二月未時

命宮、生月、生時可以分陰陽。

命宮與生時以子、寅、辰、午、申、戌為陽，丑、卯、巳、未、酉、亥為陰。

生月則以正、三、五……等為陽，二、四、六……等為陰。

這樣的分析有何用處？

原來命在陽宮，月時只得兩類組合：

陽月陽時

陰月陰時

命在陰宮，月時亦有兩類組合：

陽月陰時

陰月陽時

生月的陰陽和生時的陰陽又影響了何事？

讓我們重溫月系（依生月起）和時系（依生時起）的助曜：

月系助曜起例

星╲月	左輔	右弼
正	辰	戌
二	巳	酉
三	午	申
四	未	未
五	申	午
六	酉	巳
七	戌	辰
八	亥	卯
九	子	寅
十	丑	丑
十一	寅	子
十二	卯	亥

時系助曜起例

星╲時	文昌	文曲	地劫	地空
子	戌	辰	亥	亥
丑	酉	巳	子	戌
寅	申	午	丑	酉
卯	未	未	寅	申
辰	午	申	卯	未
巳	巳	酉	辰	午
午	辰	戌	巳	巳
未	卯	亥	午	辰
申	寅	子	未	卯
酉	丑	丑	申	寅
戌	子	寅	酉	丑
亥	亥	卯	戌	子

生月決定了左輔右弼在何宮。

陽月入陽宮，陰月入陰宮。

生時決定了文昌文曲、地空地劫在何宮。

文昌文曲陽時入陽宮，陰時入陰宮。

地空地劫陽時入陰宮，陰時入陽宮。

文昌文曲與地空地劫兩組對星，在命盤不可能同宮。只能在大運流年，才有機會見到流昌流曲與地空地劫有交涉。

「日麗中天」是太陽在午宮獨坐安命(對宮天梁)，陽月陽時生有可能會齊輔弼昌曲，陰月陰時出生則必不見輔弼昌曲。

太陽在巳宮安命，也是獨坐(對宮巨門)。陽月陰時生，則可見昌曲而不可見輔弼；陰月陽時生，則可見輔弼而不可見昌曲。

陽宮安命和陰宮安命的差異則在於此。

此下逐一分析太陽午宮安命的十二種月時組合。

至於太陽巳宮安命的十二種月時關係，則請讀者作為練作，自行起出簡盤。

武曲 破軍 天巫 兄弟宮 巳	太陽 命宮 午	天府 △地劫 父母宮 未	天機 太陰 月解 福德宮 申
天同 左輔 夫妻宮 辰	太陽午宮安命「日麗中天」格		紫微 貪狼 天刑 田宅宮 酉
△地空 子女宮 卯			巨門 右弼 天月 封誥 事業宮 身宮 戌
文昌 陰煞 台輔 財帛宮 寅	廉貞 七殺 天姚 疾厄宮 丑	天梁 文曲 遷移宮 子	天相 友屬宮 亥

圖六：正月申時生

夜生人太陽不是中天主星，命宮見文昌文曲，台輔封誥，右弼單星。運限行辰戌宮見左輔右弼對照，但文昌文曲必為單星。本格命宮、福德宮、夫妻宮皆見單星，感情易有第三者介入。除寅午戌年生人之外，鈴星入午宮，稍嫌過於發散。

身宮巨門在戌宮，左輔右弼對照，亦見文昌單星。

武曲 破軍 左輔 天月 兄弟宮 巳	太陽 命宮 午	天府 父母宮 未	天機 太陰 △地劫 天巫 月解 福德宮 申
天同 夫妻宮 辰	太陽午宮安命「日麗中天」格		紫微 貪狼 右弼 田宅宮 酉
台輔 子女宮 卯			巨門 天刑 事業宮 戌
△地空 陰煞 天姚 財帛宮 寅	廉貞 七殺 文昌 文曲 疾厄宮 丑	天梁 遷移宮 身宮 子	天相 封誥 友屬宮 亥

圖七：二月酉時生

夜生人太陽不是中天主星，全不見昌曲輔弼。身宮在遷移宮天梁獨守。大運流年行巳酉丑宮，可見齊昌曲輔弼。

武曲 破軍 兄弟宮 巳	太陽 左輔 命宮 午	天府 父母宮 未	天機 太陰 右弼 福德宮 申
天同 天月 台輔 夫妻宮 辰	太陽午宮安命「日麗中天」格		紫微 貪狼 △地劫 田宅宮 酉
天姚 子女宮 卯			巨門 陰煞 月解 事業宮 戌
文曲 天巫 財帛宮 身宮 寅	廉貞 七殺 △地空 疾厄宮 丑	天梁 文昌 封誥 遷移宮 子	天相 天刑 友屬宮 亥

圖八：三月戌時生

夜生人太陽不是中天主星，命宮會齊輔弼昌曲。身宮在寅宮財帛宮，文曲獨坐借天機太陰。夫妻宮見文昌、右弼兩單星。福德宮見文昌文曲及右弼單星，寅午戌生人之外，鈴星入福德宮。婚姻隱伏危機。

武曲 破軍 台輔 兄弟宮 巳	太陽 命宮 午	天府 左輔 右弼 父母宮 未	天機 太陰 陰煞 福德宮 申
天同 天姚 夫妻宮 身宮 辰	太陽午宮安命「日麗中天」格		紫微 貪狼 田宅宮 酉
文曲 子女宮 卯			巨門 △地劫 月解 事業宮 戌
天月 財帛宮 寅	廉貞 七殺 封誥 疾厄宮 丑	天梁 △地空 天刑 遷移宮 子	天相 文昌 天巫 友屬宮 亥

圖九：四月亥時生

夜生人太陽不是主星。身宮在辰宮夫妻宮，天同對巨門會地空地劫。
大運流年行亥卯未宮，可見齊輔弼昌曲。

武曲 破軍 天巫 天姚 兄弟宮 巳	太陽 右弼 陰煞 台輔 命宮 身宮 午	天府 天月 父母宮 未	天機 太陰 左輔 福德宮 申
天同 文曲 夫妻宮 辰	太陽午宮安命「日麗中天」格		紫微 貪狼 田宅宮 酉
子女宮 卯			巨門 文昌 事業宮 戌
封誥 財帛宮 寅	廉貞 七殺 天刑 疾厄宮 丑	天梁 月解 遷移宮 子	天相 △地劫 △地空 友屬宮 亥

圖十：五月子時生

夜生人太陽不是主星。子時命身同宮，命宮、福德宮、夫妻宮都見單星，感情易受第三者影響。

武曲 破軍 右弼 文昌 兄弟宮 巳	太陽 天姚 命宮 午	天府 封誥 父母宮 未	天機 太陰 天巫 福德宮 身宮 申
天同 陰煞 夫妻宮 辰	太陽午宮安命「日麗中天」格		紫微 貪狼 左輔 文曲 田宅宮 酉
天月 子女宮 卯			巨門 △地空 事業宮 戌
天刑 財帛宮 寅	廉貞 七殺 疾厄宮 丑	天梁 △地劫 月解 遷移宮 子	天相 台輔 友屬宮 亥

圖十一：六月丑時生

夜生人太陽不是主星，身宮在申宮福德宮。

大運流年行巳酉丑亥宮，見講輔弼昌曲。

武曲 破軍 兄弟宮 巳	太陽 文曲 命宮 午	天府 天姚 父母宮 未	天機 太陰 文昌 台輔 福德宮 申
天同 右弼 封誥 夫妻宮 辰	太陽午宮安命「日麗中天」格		紫微 貪狼 △地空 田宅宮 酉
天刑 子女宮 卯			巨門 左輔 事業宮 身宮 戌
天巫 月解 陰煞 財帛宮 寅	廉貞 七殺 △地劫 疾厄宮 丑	天梁 遷移宮 子	天相 天月 友屬宮 亥

圖十二：七月寅時生

日生人太陽為主星，見昌曲對星及左輔單星。身宮在戌宮事業宮，會齊輔弼昌曲對星。福德宮、夫妻宮皆見單星，易有第三者。

武曲 破軍 封誥 兄弟宮 巳	太陽 命宮 午	天府 文昌 文曲 天月 父母宮 未	天機 太陰 △地空 天姚 福德宮 申
天同 天刑 夫妻宮 辰		太陽午宮安命「日麗中天」格	紫微 貪狼 台輔 田宅宮 酉
右弼 子女宮 卯			巨門 事業宮 戌
△地劫 月解 財帛宮 寅	廉貞 七殺 疾厄宮 丑	天梁 陰煞 遷移宮 身宮 子	天相 左輔 天巫 友屬宮 亥

圖十三：八月卯時生

日生人太陽為主星，大運流年喜行亥卯未三宮，得輔弼昌曲齊會。身宮在子宮遷移宮。

武曲 破軍 天巫 天刑 兄弟宮 巳	太陽 文昌 封誥 命宮 午	天府 △地空 父母宮 未	天機 太陰 文曲 福德宮 申
天同 月解 夫妻宮 辰	太陽午宮安命「日麗中天」格		紫微 貪狼 天姚 田宅宮 酉
△地劫 子女宮 卯			巨門 陰煞 台輔 事業宮 戌
右弼 天月 財帛宮 身宮 寅	廉貞 七殺 疾厄宮 丑	天梁 左輔 遷移宮 子	天相 友屬宮 亥

圖十四：九月辰時生

日生人太陽為主星，命宮會齊輔弼昌曲，已合百官朝拱，是為可得富貴的佳構。身宮在寅宮財帛宮。

武曲 破軍 文昌 兄弟宮 巳	太陽 △地空 天月 天刑 命宮 午	天府 封誥 父母宮 未	天機 太陰 天巫 陰煞 福德宮 申
天同 △地劫 月解 夫妻宮 身宮 辰	太陽午宮安命「日麗中天」格		紫微 貪狼 文曲 田宅宮 酉
子女宮 卯			巨門 天姚 事業宮 戌
財帛宮 寅	廉貞 七殺 左輔 右弼 疾厄宮 丑	天梁 遷移宮 子	天相 台輔 友屬宮 亥

圖十五：十月巳時生

日生人太陽為主星，身宮在辰宮夫妻宮。大運喜行巳酉丑宮，會齊輔弼昌曲。

武曲 破軍 △地劫 △地空 兄弟宮 巳	太陽 月解 陰煞 命宮 身宮 午	天府 天刑 父母宮 未	天機 太陰 封誥 福德宮 申
天同 文昌 夫妻宮 辰	太陽午宮安命「日麗中天」格		紫微 貪狼 田宅宮 酉
子女宮 卯			巨門 文曲 月解 天月 事業宮 戌
左輔 天巫 財帛宮 寅	廉貞 七殺 疾厄宮 丑	天梁 右弼 台輔 遷移宮 子	天相 天姚 友屬宮 亥

圖十六：十一月午時生

日生人太陽為主星，命身同宮，會左輔右弼，文曲單星。

<table>
<tr><td>武曲 破軍
兄弟宮 巳</td><td>太陽
△地劫
月解 陰煞
命宮 午</td><td>天府
父母宮 未</td><td>天機 太陰
天刑
福德宮 身宮 申</td></tr>
<tr><td>天同
△地空
陰煞
夫妻宮 辰</td><td colspan="2" rowspan="2">太陽午宮安命「日麗中天」格</td><td>紫微 貪狼
封誥
田宅宮 酉</td></tr>
<tr><td>左輔 文昌
子女宮 卯</td><td>巨門
事業宮 戌</td></tr>
<tr><td>天月
財帛宮 寅</td><td>廉貞 七殺
台輔
疾厄宮 丑</td><td>天梁
天姚
遷移宮 子</td><td>天相
右弼 文曲
天巫
友屬宮 亥</td></tr>
</table>

圖十七：十二月未時生

日生人太陽為主星，身宮為申宮福德宮。大運流年喜行亥卯未三宮，會齊輔弼昌曲。

第三章　古訣辨正（二）：四例

民國年間流通的坊本紫微斗數經典甚多錯訛之處，隨著明清兩代珍本古籍「重出江湖」，許多誤會都可以迎刃而解，此下再舉數例。

第一節 「遇殺與擎羊」，無關「制」與「化」

坊本《紫微斗數全書》卷一《太微賦》有這麼一句：

童子限如水上泡漚，老人限似風中燃燭，遇殺無制乃流年最忌。

水上面的泡沫易破，燭火受風吹易熄滅，賦文以此形容「童子限」和「老人限」有其時代意義。清代以前中國兒童夭折率相對現代高，人民平均壽命亦較現代短。假如流年「遇殺無制」，兒童和老人都可能是死限。不過「遇殺無制」講得太過空泛，何謂「殺」，何謂「制」，歷來眾說紛紜。

按「虛白廬藏明末清初文光堂木刻本」，就很清楚具體了：

童子限如水上泡漚，老人限似風中燃燭。遇殺與擎羊，乃流年最忌。

賦文實指正曜七殺，遇煞曜擎羊（本命擎羊與運限擎羊皆可）。相近的資料在《紫微斗數全書》屢見，如：

七殺破軍，專依羊鈴之虐。

殺臨絕地會羊陀，顏回夭折。

七殺重逢逢四殺，腰陀背曲陣中亡。

七殺火羊貧且賤，屠宰之人。

七殺羊鈴，流年白虎，刑戮災迍。

七殺流羊二官符，離鄉遭配。

七殺並無四化星，與天相相同，其餘十二正曜都有不同的四化。如果七殺所會正曜不見吉化吉曜，多見煞忌刑，才算「流年最忌」，不利兒童和老人。吉化是指化祿、化權、化科，吉曜對於七殺來說，主要是左輔右弼、天魁天鉞，文昌文曲則力量較弱。

這時七殺擎羊的組合，不宜鈴星過於火星。《太微賦》亦強調「羊鈴之虐」，說明擎羊與鈴星不宜同宮或對照，其實火星與陀羅同宮或對照亦不佳。有時火星擎羊或鈴星陀羅的組合破壞力輕得多。

七殺亦不喜會照丙干廉貞化忌、壬干武曲化忌（亦視乎紫微化權是吉是凶）。癸干破軍化祿、貪狼化忌同時在三合宮，亦要看其他吉凶星的配合。

所謂「遇殺無制」，原本是子平的術語。《太微賦》：

命坐強宮，細察制化之理。

其實在紫微斗數間中會用「制」這個術語，而「化」就只有十干四化的化祿、化權、化科、化忌。

子平講究五行的生剋制化。

「七殺」這個名稱，在紫微斗數是十四正曜之一，但是在子平卻是「十神」之一，凡是陰陽同性而剋日元的，都是七殺，天干剛好是日元數起的第七位。例如「甲木」日元，甲數一，乙二，丙三……，到了庚剛好第七位，庚是陽金，木是陽木，陽金剋陽木剋害力強，容易令日元受損，故取名「七殺」。乙木的七殺是辛金，陰剋陰，剋害力也強，乙二數到辛八也是七位。丙火的七殺是壬水，餘此類推。

如甲木遇辛金，是陰金剋陽木，一般不會對甲木造成太大相害，反而有約束之力，讓甲木正當發揮。按子平的術語，辛金是甲木的「正官」。同樣金剋木，通常「正官」之剋為喜，「七殺」之剋為忌。這是子平的基本學理。一般情況下「正官」宜生旺，「七殺」宜制化，但也有例外。

「制七殺」，宜用甲木所生的丙火「食神」，丙火剋庚金，也是陽剋陽，就不怕傷害到甲木。日元陽生陽、陰生陰，都是「食神」。乙木日元，以辛金為「七殺」，丁火為「食神」。

如果火力弱，或無火，就要「化七殺」，壬水、癸水都可以。金本來剋木，中間有水，變成金生水，水生木。

以上是子平講的「制化」，來自五行學說，在紫微斗數中用處不大。由此可見，坊本的錯字，可能受了子平的影響。

《紫微斗數全書》卷二〈論星辰生克制化〉：

金入火鄉，火入水鄉，水入土鄉，土入木鄉，俱為受制。

從字面看，完全用五行生剋，但是與《紫微斗數全書》其他資料大相徑庭！

《紫微斗數全書》卷一〈諸星答問篇〉有謂：

紫微……能制火鈴為善，能降七殺為權。

天府……為帝之佐貳，能制羊陀為從，能化火鈴為福。

貪狼……若犯帝座，無制便為無益之人。得輔弼昌曲夾制，則無此論。

破軍……惟天梁可制其惡，天祿可解其狂。

第一條，紫微屬陰土，火星屬陽火，鈴星屬陰火。若說紫微制火鈴，豈不是「土制火」？按五行學理卻是「火生土」！

第二條，天府屬陽土，擎羊屬陽金，陀羅屬陰金。若說天府制羊陀，豈不是「土制金」？按五行學理卻是「土生金」！

其實以上兩條的「制」都無關五行生尅，只是剛巧北斗主星紫微（亦全盤主星）和南斗主星天府比較其他正曜更能抗拒四煞而已。

第三條「貪狼犯帝座」實指紫微貪狼在卯宮或酉宮。這裡的「制」實指地空（《紫微斗數全書》作天空）、地劫、天刑等星曜。「夾制」實指會齊左輔右弼對星，或文昌文曲對星。

第四條，破軍屬陽水，天梁屬陽土，天祿即祿存屬陰土。

按五行生尅，天梁土和祿存土都可以尅破軍水。但是這裡的制又是另一回事。眾所周知，破軍的三方四正永遠不見天梁。這裡所謂「制」，指兩種情況：

（一）破軍守命，經行天梁的大運流年。

（二）天梁守命，經行破軍的大運流年。

破軍化氣為「耗」，但是遇上天梁就減輕消耗和動蕩。所以說「制其惡」。

至於破軍喜會祿存，則是紫微斗數很基本的常識，稱為「有根」。所以說「解其狂」。

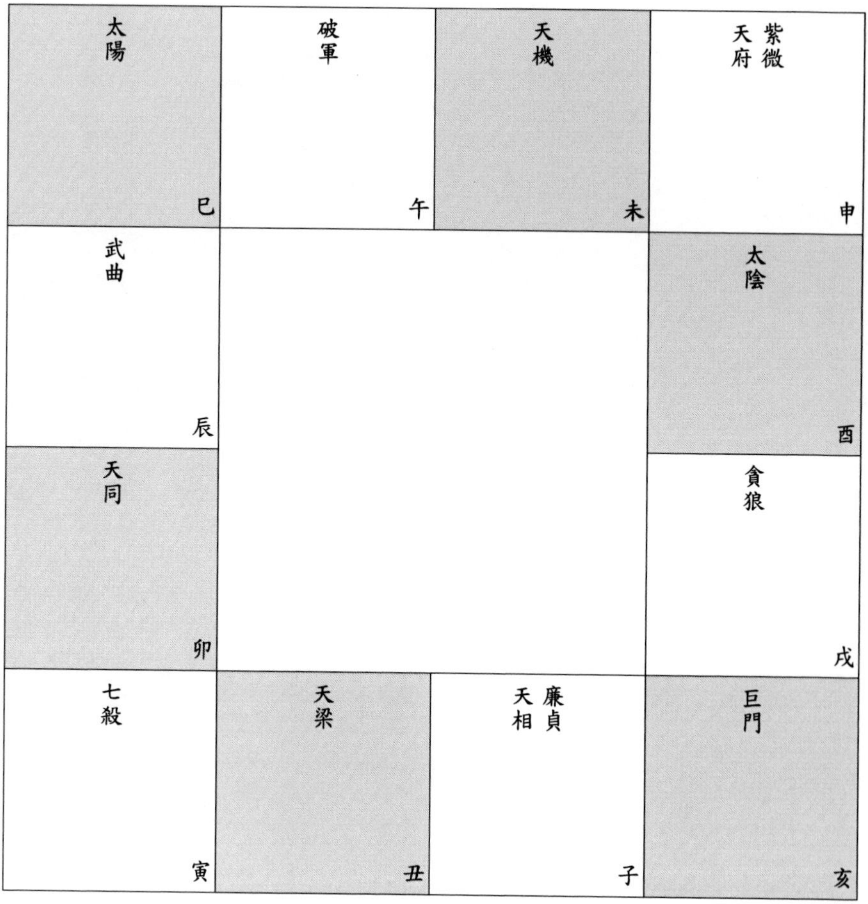
太陽
巳
破軍
午
天機
未
紫微
天府
申
武曲
辰
太陰
酉
天同
卯
貪狼
戌
七殺
寅
天梁
丑
廉貞
天相
子
巨門
亥

圖一：天梁制破軍之惡（一）

天梁居丑未而破軍居子午，天梁在丑未乘旺而破軍在子午入廟，天梁制破軍的力量較重。條件是天梁的三方四正見吉化吉曜而煞輕，破軍的性質也不是特別的惡劣。

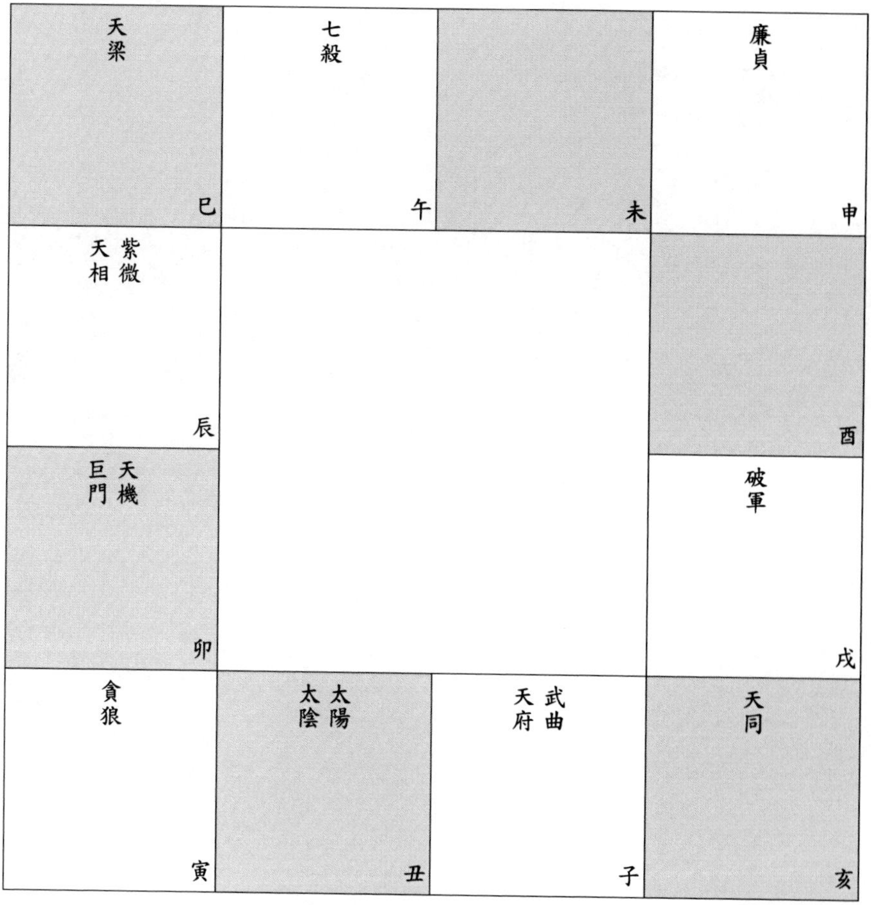
天梁
巳
七殺
午
未
廉貞
申
紫微
天相
辰
酉
天機
巨門
卯
破軍
戌
貪狼
寅
太陽
太陰
丑
武曲
天府
子
天同
亥

圖二：天梁制破軍之惡（二）

天梁居巳亥而破軍居辰戌，天梁在巳亥落陷而破軍在辰戌乘旺。天梁制破軍的力量較輕，除非見星系會合的星曜吉多凶少。

第二節　「駁雜」致「孤貧」

坊本《紫微斗數全書》卷一〈太微賦〉最後一則資料是：

人生榮辱，限元必有休咎。
處世孤貧，數中並無駁雜。

按「虛白廬藏明末清初文光堂木刻本」，下句赫然是：

處世孤貧，數位定逢駁雜。

「並無」即是「沒有」；「定逢」則是「一定有」！

簡直黑白顛倒、南轅北轍！

先談第一句。

當中「休咎」兩字要弄清楚。許多年青朋友平素少讀古文，看見「休」字和「咎」字連在一起，常會望文生義，以為這裡的「休」是個壞的用詞。「休」有停止義，如休息、休休、休養等。但是「休」又可以解作美好。

「榮」源於運限的星系組合「休」，「辱」源於運限的星系組合「咎」。

〈太微賦〉前面有云：

諸星吉，逢凶也吉。

諸星凶，逢吉也凶。

卷一〈斗數彀率〉亦有相近的說法：

諸星吉多，逢凶也吉。

諸星凶多，逢吉也凶。

這兩條資料當然以〈斗數彀率〉講得更清楚明白！

至於「限元必有休咎」亦寫得太過含糊。

「諸星吉多，逢凶也吉」應作何解？

這有兩個方面的意義。

（一）命盤某個宮位吉星多而凶星少，就可以平衡凶星的破壞。請注意，是「平衡」，不是「抵銷」。凶星的不良反應仍然存在，只因吉星的好處可以讓當事人妥善應付。例如當事人可得富貴而甚辛勞，或人際關係有缺憾。以現代社會為例，許多大富大貴之人一天到晚都給大眾謾罵。

（三）命盤原局吉星多，大運流年稍遇一兩粒煞星無妨，運程仍然屬吉，可能有競爭、奔波、煩惱等事，具體視乎遇上那些煞星，與及孰輕孰重。

「諸星凶多，逢吉也凶」亦作如是觀。

（一）原局凶星多，吉星少。吉星的力量仍在，但是不能抵銷凶星的破壞。例如傷殘、弱智的命，一般都是福德宮煞忌刑很重，卻見到天魁天鉞等吉星，表徵便是日常生活有旁人照顧，但是也必須倚靠旁人照顧！

（二）原局凶星多，大運流年稍遇一兩粒吉星。反而可能出現因小利而入歧途的根由。

現在再討論「處世孤貧，數位定逢駁雜」。

紫微斗數命盤的星曜人人相同，富貴之人有四化、六吉、四煞；貧賤之人亦有四化、六吉、四煞。分別在於「孤貧」之人命盤的星系組合「駁雜」。「數」指「氣數」、「運數」；「位」指「宮位」。

先談六吉星的「駁雜」。

左輔右弼、天魁天鉞、文昌文曲要成對會入一個宮位力量才大，不喜歡出現「單星」，「單星」多就是駁雜。

有些命盤因為六吉的位置和正曜「借星安宮」的關係，只有少數宮位出現「單星」。

有些命盤卻是只見「單星」！

附上一例，基本星系是紫微天府在寅宮，這個組合沒有「借星安宮」（紫微天府在申宮亦然）。己年生人，十一月子時生，六吉星都落在陽宮。

子宮（命宮）會齊天魁天鉞，右弼、文曲兩單星。

寅宮（福德宮）會齊左輔，文昌、天鉞三單星。

辰宮（事業宮）會齊文昌文曲，天魁天鉞，右弼單星。

午宮（遷移宮）會齊左輔右弼，天魁、文昌兩單星。

申宮（財帛宮）會齊天魁天鉞，左輔右弼，文曲單星。

戌宮（夫妻宮）會齊文昌文曲，左輔單星。

如果是九月生，則左輔右弼調位；午時生，文昌文曲調位。同樣出現六陽宮皆見單星的「數位駁雜」。

再談四煞的「駁雜」。

四煞當中，火星與鈴星永不能同宮，擎羊與陀羅亦然。
火星擎羊、鈴星陀羅同宮，有機會減凶。當然「鈴昌陀武」、「巨火擎羊」是例外。
火星陀羅、鈴星擎羊同宮，則會增凶。
例如生年天干丙戊、地支寅午戌，卯時出生。
辰宮火星陀羅同宮；午宮鈴星擎羊同宮。都屬「駁雜」。
此外，戌宮和子宮都見四煞併照。寅宮會鈴星擎羊，申宮會火星陀羅。
全部六個陽宮都受四煞「駁雜」影響。

▲陀羅 巨門 己巳 友屬	祿存 廉貞 天相 庚午 遷移	▲擎羊 天梁(科) 辛未 疾厄	天鉞 七殺 壬申 財帛
文曲(忌) 貪狼(權) 戊辰 事業	己年十一月子時生人		天同 癸酉 子女
太陰 丁卯 田宅			文昌 ▲鈴星 武曲(祿) 甲戌 夫妻
左輔 紫微 天府 丙寅 福德	天機 丁丑 父母	右弼 天魁 破軍 丙子 命身	△地空 △地劫 太陽 乙亥 兄弟

圖三：「數位駁雜」之一：
六吉星駁雜

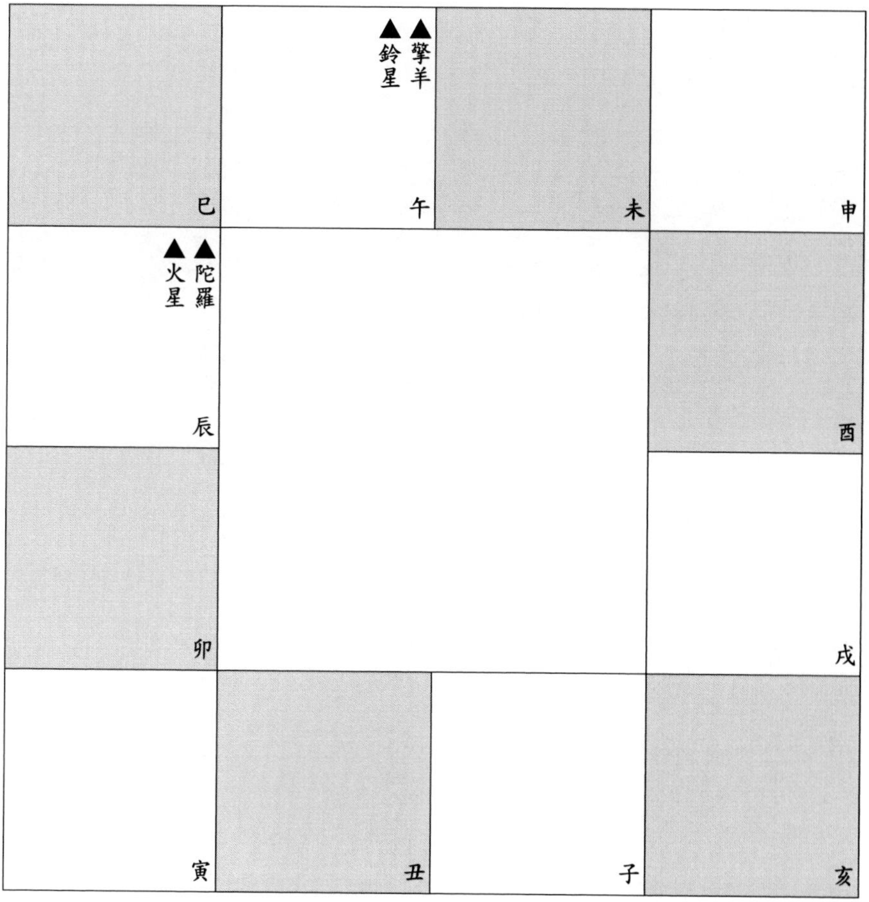

圖四：「數位駁雜」之二：羊陀火鈴四煞駁雜

第三節　陰陽既濟

許多初學紫微斗數的朋友常有一個疑問，陰陽五行對星曜的影響有多重要，這包括星（紫微天府等百餘星）的陰陽五行和宮位（子丑寅卯等十二宮）的陰陽五行。在此可以探討一下。

坊本《紫微斗數全書》卷一〈星垣論〉有云：

蓋以水淘溶則陰陽既濟，水盛陽傷，火盛陰滅，二者不可偏廢。

「既濟」是《周易》第六十三卦，上卦坎為水、下卦離為火。六爻都得位，在易學的術語叫「水火既濟」、或「陰陽既濟」。但是既濟卦中六爻的爻位太過完美，占卦時得既濟卦反而未必盡吉。而水盛陽傷、火盛陰滅，則是一派子平家的口吻。

事實上，算紫微斗數並不十分重視星曜和宮位的陰陽五行，只是有些情況可以用陰陽五行來解釋，幫助記憶。

「水盛陽傷」、「火盛陰滅」兩個原則都派不上用場。

「以水淘溶」也有點奇怪。「淘」是「淘洗」、「溶」是「溶解」，全是水的功能，有水無火，怎能既濟？只有可能陽傷，不構成陰滅。原因當然又是有錯字！「虛白廬藏明末清初文光堂木刻本」是：

蓋以水火勻配則陰陽既濟，水盛陽傷，火盛陰滅，二者不可偏廢。

水與火均勻配搭，自然陰陽既濟了。

事實上，清代以前紫微斗數諸星曜只論五行，不分陰陽！

（一）紫府系八正曜陰陽五行屬性

正曜／版本	全書	現代
紫微	土	陰土
天府	土	陽土
天相	水	陽水
武曲	金	陰金
七殺	火金	陰金火
破軍	水	陽水
廉貞	火	陰火陰木
貪狼	水	陽木陽水

紫微天府一系正曜，貪狼廉貞這對正次桃花五行有變化。

現代斗數家認為廉貞屬陰火而帶有木性（不再分陰陽），貪狼則是陽木而帶有水性（亦不再分陰陽），《紫微斗數全書》則只列出單一的五行，而且貪狼屬水而不屬木。接觸過玄空風水的讀者當知道，貪狼是一白星，於易卦為坎，坎為水。此外，七殺由《紫微斗數全書》的屬火金，演變為屬陰金而帶火，這個火有時沒有指明是陰還是陽。

（二）日月系六正曜陰陽五行屬性

正曜＼版本	全書	現代
太陽	火	陽火
太陰	土	陰水
天同	水	陽水
天梁	金	陽土
天機	木	陰木
巨門	水	陰土 陰金

日月系六正曜之中，五顆都是由不分陰陽演變為有陰陽之別。現代斗數家大多以巨門為「土靜埋金」，所以既屬陰土，亦屬陰金，但《全書》卻認為巨門屬水！巨門有「石中隱玉」格，玉與石只能屬土；又有「土靜埋金」的術語，於是許多斗數家以巨門屬陰土，又兼屬陰金。

但是若以巨門屬水，又有五行生剋的道理在。

《紫微斗數全書》卷一〈斗數骨髓賦〉：

辰戌應嫌陷巨門。

還有巨門於丑未宮與天同同度，亦屬弱宮。辰、戌、丑、未四宮屬土，如果紫微斗數論命重視宮與星的五行，巨門屬土理應喜居辰戌丑未四墓才是！假如巨門屬水，便算「宮剋星」了。因此，不論巨門屬土還是屬水，在《紫微斗數全書》中都可以找到支持！

處理的辦法，可以是兩說並容，總之巨門在辰戌丑未四宮是弱宮，不必斤斤於五行生剋。

（三）六吉祿馬陰陽五行屬性

助曜＼版本	全書	現代
左輔	土	陽土
右弼	水	陰水
天魁	火	陽火
天鉞	火	陰火
文昌	金	陽金
文曲	水	陰水
祿存	土	陰土
天馬	火	陽火

六吉星和祿存天馬經常能夠輔助正曜，也是由《紫微斗數全書》不分陰陽，發展到現時人人都講陰陽。

(四) 四煞空劫與四化陰陽五行屬性

正曜＼版本	全書	現代
火星	火	陽火
鈴星	火	陰火
擎羊	火金	陽金
陀羅	火金	陰金
地空	火	陰火
地劫	火	陽火
化祿	土	陰土
化權	木	陰木
化科	水	陽水
化忌	水	陽水

有斗數家將四煞再加地空、地劫合為六煞。

《紫微斗數全書》以擎羊陀羅屬金火。現代則分兩派，有人認為羊陀只屬金，有人認為羊陀屬金帶火。

第四節　紅鸞羞逢貪宿

坊本《紫微斗數全書》卷一〈斗數發微論〉有謂：

奸謀頻設，紫微愧遇破軍。

淫奔大行，紅鸞差逢貪宿。

按「虛白廬藏明末清初文光堂木刻本」，應作：

紅鸞羞逢貪宿

顯然因為「羞」與「差」形似致誤。

當代中國人讀中國古書應該要掌握許多基本常識。

古人用韻文（詩、詞、歌、賦）的體裁，經常出現「排偶句」，即是前後的句子字數相同，格式相同，有些還加了對仗。這兩句「紫微」對「紅鸞」，「破軍」對「貪宿」（指貪狼），都是星名對星名。「愧遇」對「羞逢」則通，「愧遇」對「差逢」就不工整了。因為「愧」與「羞」，「遇」對「逢」都是「同義詞」。附帶一題，「同義詞」是指「一義通同」，不必在任何情況下完全可以置換使用。

前一句，即是《全書》卷一〈諸星答問篇〉的：

紫微……若遇破軍辰戌丑未，主為臣不忠，為子不孝之論。

兩條資料所講是同一件事，即紫微天相在辰戌宮對照破軍，或紫微破軍在丑未宮對照天相。容易令當事人有強烈的反叛心態，在現代可以只是輕微到在家不服父母、工作不服上司，未必人人都「不忠不孝」那麼嚴重。這種反叛心態，從另一個角度看，也可以視為創造力。創造力的背後有堅實的學問識見和處事能力支持，可以在旁人覺得無可能的環境之下，闖出一片新天地。如果沒有真材實學，一味不服從師長，就隨時會變成對家庭、機構和群體的破壞力。

「不忠」、「不孝」有以下條件：

（一）不得百官朝拱而且煞重。縱有左輔右弼、天魁天鉞、文昌文曲等六吉星亦不成對。

（二）福德宮有缺點，也是煞重而六吉星不成對。

具體是辰戌紫微天相守命，子午七殺守福德宮，七殺見煞重及不吉的雜曜。丑未紫微破軍守命，卯酉天府守福德宮，天府空露（無祿見煞）及會上不吉的雜曜。

沒有周詳計劃和執行能力的「創造」，每每顯然為「破壞」原來行之有效的制度和辦法。破壞國家制度和君上的威權，就會讓旁人感覺到「不忠」；破壞家庭和睦和父母的威權，則是「不孝」了。

「紅鸞羞逢貪宿」，亦有條件：

（一）貪狼見煞和六吉星不成對。不成對又以見右弼不見左輔、見天鉞不見天魁、見文曲不見文昌的影響較大。因此，不少斗數家指出右弼、天鉞、文曲三曜有「桃花」性質。

（二）其他桃花雜曜雲集。包括：紅鸞天喜、咸池大耗、天姚、沐浴等。當中長生十二神中的沐浴在子午卯酉宮（必為陽男陰女）為重，在辰戌丑未宮（必為陰男陽女）為輕。此外，化祿星亦帶桃花性質，當中以甲干廉貞化祿、丙干天同化祿（只是舉例，天同不可以在三方四正影響貪狼）為甚。

（三）沒有空曜天刑化解。空曜以地劫、劫空力量最強。截空和旬空則以「正空」在有力，「傍空」可以不理。天空同樣無力。

此外還須明白，「紅鸞羞逢貪宿」只是為了遷就賦文而舉例。天喜、咸池、大耗、天姚都有這個性質。區別在於通常紅鸞天喜代表正當的桃花，咸池大耗代表不甚正當的桃花。紅鸞天喜、咸池大耗四顆桃花雜曜經常互相影響，四曜都是陽年落陰宮、陰年落陽宮，再遇上「月系」的天姚（以月份安宮），和陽男陰女的沐浴，桃花便更重。

至於天姚，〈諸星答問篇〉還說：「主淫」和「招手成婚」。不過單一粒天姚逢貪宿，亦不一定就「淫奔大行」。最輕微的，可能只是言行有點兒「放縱」，很容易跟沒有男女感情關係的異性熟落、甚至親近，不大理會社會上主流認同的男女之別。

是否「淫」，有多「淫」，仍需參考前述條件和大運流年的變化。

第四章　普查示例（一）：破軍入廟有權柄

坊本《全書》卷二〈論命宮訣〉：

（破軍）……女人子午入廟有疾病，陷地加殺下賤淫慾。

這兩句將女命破軍說得一無事處，落陷「淫賤」，入廟亦有「疾病」。

卷一〈女命骨髓賦〉又謂：

武曲之宿為寡宿，

破軍一曜性難明。

貪狼內狼多淫佚，

七殺沉吟福不榮。

這些批斷女命的口訣，亦有時代意義，舊社會女子早婚，二十歲左右還未嫁已算為遲婚。女命見武曲、破軍、貪狼、七殺，都不會是「小鳥依人型」的女孩，二十世紀以後，中國女性可以在學業和事業上與男人競爭，奮鬥到三四十歲仍然可以輕易「嫁得出」。趨避之道就是遲婚，這在清代很難辦得到。因為舊社會女性不能有自己的事業，必須早婚，早婚而婚姻失敗，命運自然坎坷。

按「虛白廬藏明末清初文光堂木刻本」，前述「疾病」錯得非常嚴重，原文應作：

（破軍）……女人子午入廟有權柄，陷地加殺下賤淫慾。

誤將「權柄」作「疾病」，拿這個口訣去學人算紫微斗數，必出大錯！

女命子午破軍守命，夫妻宮必是辰戌武曲，遲婚為宜，煞重刑剋更甚。在古代可能表徵為嫁夫早死，大有可能以寡婦當家，當然「有權柄」。需知舊社會大家庭的「主母」可以操生殺之權，打死一個婢女故然是小事一樁，治死一個「不孝順」的媳婦亦屬閒事。

《紫微斗數全書》卷三〈論諸星同位垣各司所宜分別富貴貧賤夭壽〉：

破軍子午宮無殺，官資清顯至三公。

本條註云：

甲癸生人合格。丁己生人次之，丙戊生人主困。

甲干廉貞化祿天相在對宮，午宮破軍更會寅宮祿存。

癸干破軍化祿，祿存在子宮。

丁干、己干祿存在午宮。己干午宮破軍，更會戌宮貪狼化權。丙干、戊干擎羊在午宮、陀羅在辰宮。丙干更見對宮廉貞化忌。都是破格。

甲癸丁己生人有祿合格，但仍不宜有火鈴同宮。

丙戊生人破格已受擎羊陀羅影響，更不宜再見火鈴。戊生人會貪狼化祿，又勝過丙生人。

「官資清顯至三公」是誇大其詞，在現代，男女命子午破軍得祿，都容易出人頭地。

破軍在子午宮的不同格局，可以用「普查法」研究。請注意任何命盤，除了原格局高下，仍需參詳四五個大運，方能判斷命格的高下。

下文只分析破軍在午宮與十干四化的交涉情況，破軍在子宮的各例從略，作為讀者的練習。

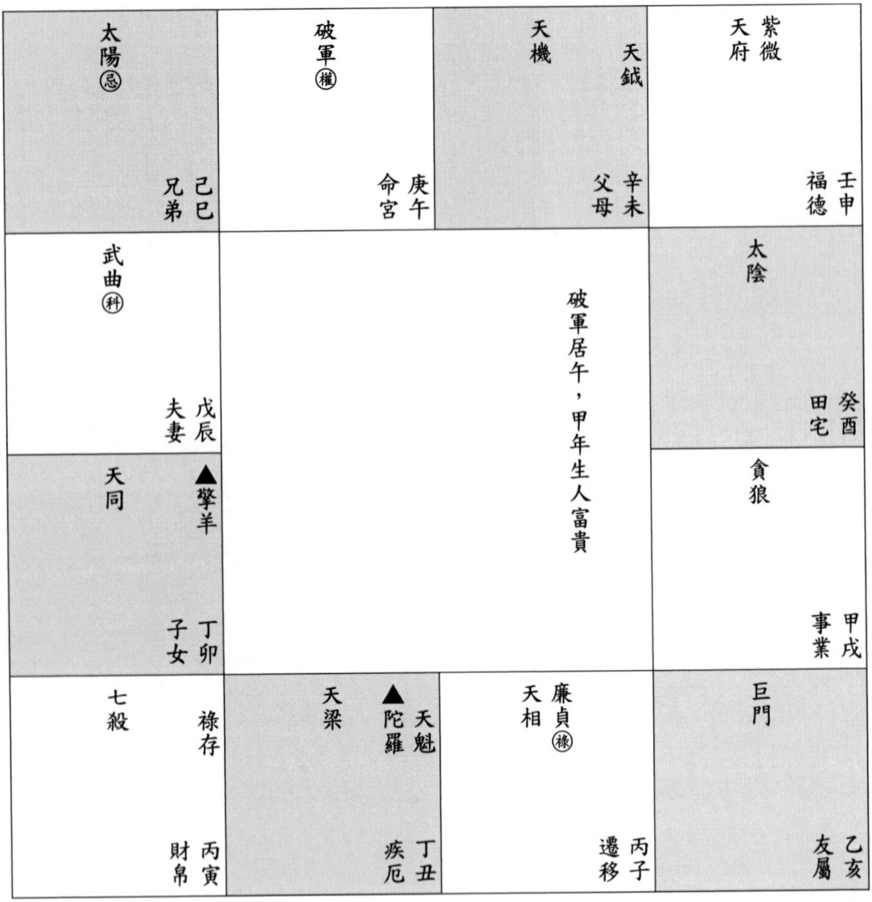
太陽 忌
己巳 兄弟
破軍 權
庚午 命宮
天機 天鉞
辛未 父母
紫微 天府
壬申 福德
武曲 科
戊辰 夫妻
破軍居午，甲年生人富貴
太陰
癸酉 田宅
天同 ▲擎羊
丁卯 子女
貪狼
甲戌 事業
七殺 祿存
丙寅 財帛
天梁 ▲陀羅 天魁
丁丑 疾厄
廉貞 祿 天相
丙子 遷移
巨門
乙亥 友屬

圖一：甲生人富貴

破軍午宮守命，甲年生人。破軍化權對廉貞化祿天相，財帛宮七殺祿存，必為祿馬交馳，此格權祿甚重。

第一大運庚午，流祿在申宮，寅申兩宮疊祿馬交馳，應當富足。此運年幼，喜父母宮疊魁鉞貴人，童年必富足。

男命第二運辛巳，天機會巨門化祿。第三運壬申紫微化權天府化科對祿存。第四運癸酉，太陰化科。第五運甲戌，貪狼會武曲雙化科，疊祿存與破軍雙化權。第六運乙亥，會天機化祿，卯宮流祿。行運多見祿，故為上格。

女命第二大運己巳，太陽化忌，不宜婚嫁，命盤武曲守夫妻宮，本來宜遲婚。若早婚可能影響後運。第三大運戊辰，會正副桃花皆化祿。第四大運丁卯，天同化權，會太陰化祿而祿權科會，但是福德宮太陽化忌對巨門化忌。第五大運丙寅，七殺祿存，見紫微天府及大運天馬，化殺為權。第六大運丁丑，天梁對天機化科，會太陰化祿太陽化忌。亦是行運多見祿之上格，唯是夫妻宮受丙干廉貞化忌、丁干巨門化忌衝太陽化忌影響，必須有自己事業、遲婚，並於夫妻相處多包容忍讓。夫妻宮不宜再見孤辰寡宿、天虛天哭等雜曜。

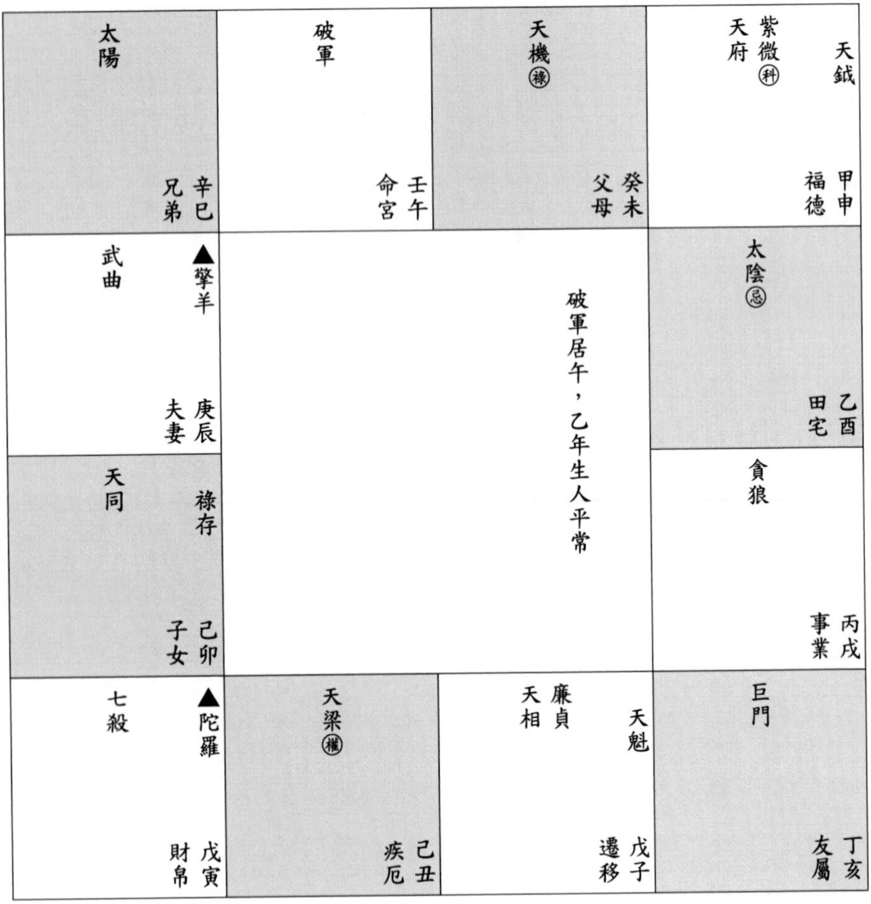

圖二：乙生人平常，男命大得運助

破軍午宮守命，乙年生人不見祿，格局平常。但是男命行運甚佳，典型命平常而運好的命造。

男命第二大運辛巳，太陽化權對巨門化祿，重重祿權，現代人宜出外學習。第三大運庚辰，武曲化權會申宮紫微天府化科見祿馬交馳。第四大運己卯，有本命祿存。第五大運戊寅，會貪狼化祿。此格為無祿破軍連走四個大運皆見祿，足以彌補原局破軍無根之不足。第六大運己丑，天梁化權再化科，天梁可解破軍之惡，亦為佳運。

女命少年運佳，中年運轉弱。第二大運癸未，天機化祿。第三大運甲申，紫微天府，會廉貞化祿，武曲化科，及大運祿馬交馳。第四運乙酉，太陰雙化忌對疊祿存，不利女星，宜於前運甲申注意健康，以免影響後運。第五大運丙戌，貪狼會兩重羊陀，第六大運丁亥，巨門化忌而會疊祿，不利自身。

祿存 太陽 癸巳 兄弟	▲擎羊 破軍 甲午 命宮	天鉞 天機㊍ 乙未 父母	紫微 天府 丙申 福德
▲陀羅 武曲 壬辰 夫妻	破軍居午，丙生人主困		天鉞 太陰 丁酉 田宅
天同㊗ 辛卯 子女			貪狼 戊戌 事業
七殺 庚寅 財帛	天魁 天梁 辛丑 疾厄	廉貞㊐ 天相 庚子 遷移	天魁 巨門 己亥 友屬

圖三：丙生人主困

破軍午宮守命，丙年生人主困。命宮三方四正不見祿，擎羊同度，對照廉貞化忌，尤不喜子年生，天虛天哭入命，又見孤辰寡宿在三合宮會照。

男命第二大運乙未，天機化祿會卯宮天同化祿會大運祿存，無祿之破軍經行祿重之天機。福德宮太陰化忌，友屬宮廉貞化忌會羊陀，需防誤交損友，因賺取不義之財而影響後運。第三大運丙申，紫微天府會廉貞雙化忌，廉貞化氣為「囚」，如前運入歧途，此運更壞。第四大運丁酉，太陰化祿，第五大運戊戌貪狼化祿，是吉是凶，視乎前運所選擇的人生道路。

女命第二大運癸巳，太陽祿存會巨門化權，太陰化科，本宮必見天馬，是為佳運。第三大運壬辰，武曲化忌衝起廉貞化忌，感情物質，兩皆受挫。此格中年運佳，第四大運辛卯，天同化祿會對宮大運祿存及巨門化祿。第五大運庚寅，七殺仰斗而見祿馬交馳。第六大運辛丑，天梁會太陽化權、巨門化祿及大運祿存，運皆見祿。但仍需參考辛干文曲化科、文昌化忌在何宮位，以推斷吉凶。

▲陀羅 太陽 乙巳 兄弟	祿存 破軍 丙午 命宮	▲擎羊 天機㊖ 丁未 父母	紫微 天府 戊申 福德
武曲 甲辰 夫妻	破軍居午，丁生人富貴次之		天鉞 太陰㊗ 己酉 田宅
天同㊗權 癸卯 子女			貪狼 庚戌 事業
七殺 壬寅 財帛	天梁 癸丑 疾厄	廉貞 天相 壬子 遷移	天魁 巨門㊗忌 辛亥 友屬

圖四：丁生人富貴次之

破軍午宮守命，丁生人富貴次之。本格喜命宮破軍有祿存同度，還需注意福德宮紫微天府得太陰化祿與天機化科來夾，增強福澤。遷移宮廉貞天相被巨門化忌夾，成刑忌夾印，不利遷移而矣。

第一大運丙午，破軍對廉貞化忌，童年多微恙。

男命第二大運乙巳，太陽對巨門化忌，會太陰化祿再化忌，及天梁化權。福德宮天機化科再化祿，宜專心學習，不應過早談戀愛。第三大運甲辰，武曲化科會廉貞化祿，事業宮紫微天府見祿馬交馳，出場大利。但父母宮太陽化忌對巨門化忌，不利父星，亦主受上司制肘。第四大運癸卯，天同化權會齊本命祿權科忌，太陰化祿再化科，巨門化忌再化權，行使權力時可能招忌，仍屬佳運。第五大運，壬寅七殺會本命祿存，對宮紫微化權天府化科，亦可化殺為權。第六大運癸丑，天梁會天機化科，太陰化祿再化科，亦佳。

女命第二大運丁未，天機雙化科與兩重擎羊守命，不喜巨門雙化忌在事業宮衝夫妻宮，亦不宜過早談戀愛。第三大運戊申，紫微天府，命宮不能會合本命祿存及大運貪狼化祿。假如見左輔右弼在子寅宮會入，則屬開創性佳運。如不見百官朝拱，此運容易進退失據。第四大運己酉，太陰化祿會天梁化科天同化權，亦祿權科會。第五大運庚戌，貪狼會本命祿存，亦佳。此格中年運佳而晚年運弱。假如第二運過早婚配，於人生有頗大負面影響。

祿存 太陽㊕ 丁巳 兄弟	▲擎羊 破軍 戊午 命宮	天鉞 天機㊌ 己未 父母	紫微 天府 庚申 福德
▲陀羅 武曲 丙辰 夫妻	破軍居午，戊年生人主困		太陰(權) 辛酉 田宅
天同 乙卯 子女			貪狼(祿) 壬戌 事業
七殺 甲寅 財帛	天魁 天梁 乙丑 疾厄	廉貞 天相 甲子 遷移	巨門 癸亥 友屬

圖五：戊生人主困

破軍午宮守命，戊生人主困。命宮有擎羊同度，但會事業宮貪狼化祿，亦為有根。比丙生人優勝。

此格男命勝過女命。第三大運庚申，紫微天府見祿馬交馳。第四大運辛酉，太陰化權，大運流祿衝起巳宮祿存。第五運壬戌，貪狼化祿對武曲化忌。第六大運癸亥，巨門化權會對宮本命祿存。第七大運甲子，廉貞化祿，會破軍化權武曲化科。因本命見祿，中晚運又皆見祿，故並非下格，行運實不見困。

女命第二運丁巳，太陽化科會巨門化忌，太陰化權再化為祿。夫妻宮天同化權，會天機化忌再化科及巨門化忌，共兩重化忌，不利感情。此運不宜談戀愛，唯是太陽太陰皆有吉化，而且陽年生人，紅鸞天喜、咸池大耗等桃花雜曜必落陰宮，恐怕勢所難免。第三大運丙辰，武曲會貪狼化祿，廉貞化忌，仍多感情困擾。第四大運乙卯，天同祿存，會太陰化權再化忌、天機化忌再化祿，此兩化忌又照射大運夫妻宮。此格大運宜甲干不宜乙干，故青年運主困而中年運反覆，不及男命。

本星系與第一章溥儀的夫妻宮相同。

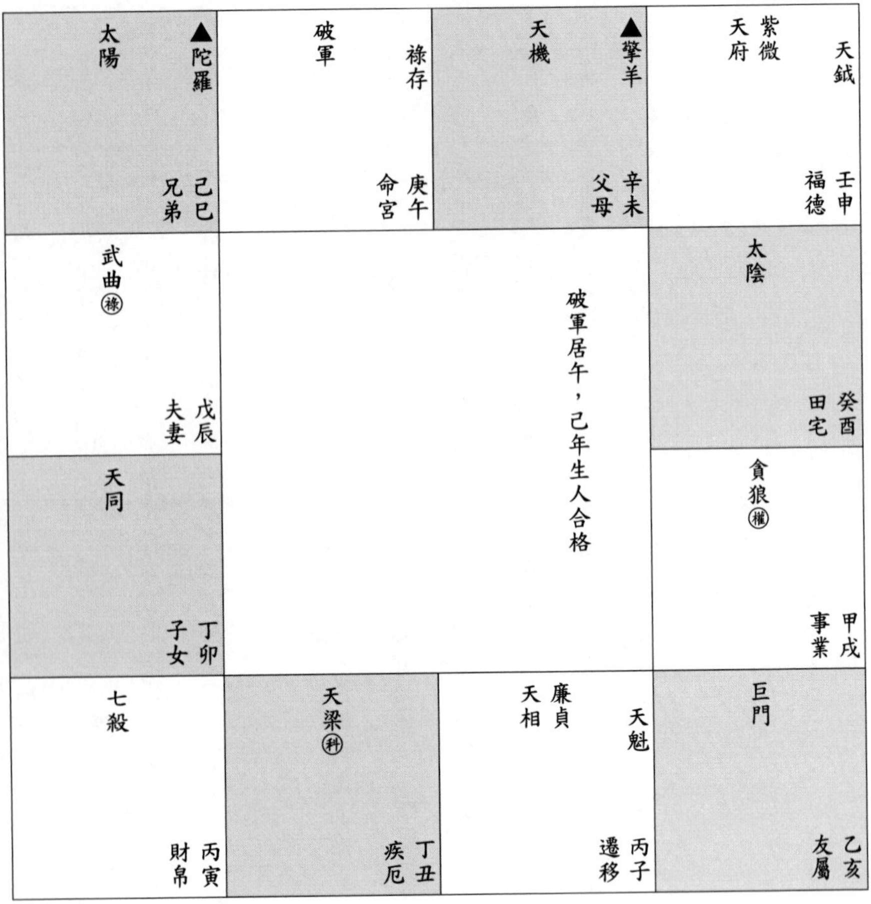
太陽
▲陀羅
己巳
兄弟
破軍
祿存
庚午
命宮
天機
▲擎羊
辛未
父母
紫微
天府
天鉞
壬申
福德
武曲
祿
戊辰
夫妻
破軍居午，己年生人合格
太陰
癸酉
田宅
天同
丁卯
子女
貪狼
權
甲戌
事業
七殺
丙寅
財帛
天梁
科
丁丑
疾厄
廉貞
天相
天魁
丙子
遷移
巨門
乙亥
友屬

圖六：己生人合格

破軍午宮無煞，己年生人。破軍與祿存同度，會貪狼化權。此貪狼化權見疊祿，喜見火鈴。己干文曲化忌，必須參考落入何宮。

第一大運庚午，流祿在申宮，寅申兩宮疊祿馬交馳，童年富足。

男命第二大運己巳，太陽會天梁雙化科，現代社會利於求學。第三大運戊辰，會武曲化祿會對宮貪狼化權再化祿，見原局天魁天鉞，若辰戌宮有火鈴，主暴發。第四大運丁卯，天同化權，會齊大運祿權科忌。第五大運丙寅，七殺會午宮祿存。第六大運丁丑，天梁化科對天機化科，會太陰化祿。亦是行運多見祿之上格。

女命第二運辛未，天機會巨門化祿。第三運壬申，紫微化權天府化科會武曲化祿再化忌。第四運癸酉，太陰化科。第五運甲戌，貪狼化權會武曲化祿再化科，又兩重祿存。第六運乙亥，會天機化祿，卯宮流祿。行運多見祿，故亦為上格。

太陽(祿) 辛巳 兄弟	破軍 壬午 命宮	天鉞 ▲陀羅 天機 癸未 父母	祿存 紫微 天府(科) 甲申 福德
武曲(權) 庚辰 夫妻	破軍居午，庚年生人平常		▲擎羊 太陰 乙酉 田宅
天同(忌) 己卯 子女			貪狼 丙戌 事業
七殺 戊寅 財帛	天魁 天梁 己丑 疾厄	廉貞 天相 戊子 遷移	巨門 丁亥 友屬

圖七：庚生人平常

破軍午宮守命，庚年生人不見祿，格局平常。

男命青年運佳，中年運轉弱。第二大運癸未，天機得天府化科、破軍化祿來夾。第三大運甲申，紫微天府，會廉貞化祿，武曲化科，及大運祿馬交馳。第四運乙酉，太陰化忌，對宮天同化忌與大運祿存同度，成羊陀夾忌。第五大運丙戌，貪狼會大運羊陀。第六大運丁亥，巨門化忌會天同化忌。

女命行運較佳。第二大運辛巳，太陽化祿再化權對巨門化祿，重重祿權，現代人宜出外學習，夫妻宮天同化忌，須視有否受大運文昌化忌影響。第三大運庚辰，武曲雙化權，會申宮紫微天府雙化科，見疊祿馬交馳，大利行動生財。第四大運己卯，天同化忌，不佳。第五大運戊寅，七殺見祿馬交馳又會貪狼化祿。此格為無祿破軍多行見祿大運，足以彌補原局破軍無根之不足。第六大運己丑，天梁化科，破軍命喜行，亦為佳運（仍須兼視文曲化忌在何宮）。

太陽(權) 癸巳 兄弟	破軍 天魁 甲午 命宮	天機 乙未 父母	紫微 天府 ▲陀羅 丙申 福德
武曲 壬辰 夫妻	破軍居午，辛生人平常		太陰 祿存 丁酉 田宅
天同 辛卯 子女			貪狼 ▲擎羊 戊戌 事業
七殺 天鉞 庚寅 財帛	天梁 辛丑 疾厄	廉貞 天相 庚子 遷移	巨門(祿) 己亥 友屬

圖八：辛生人平常

破軍午宮守命，辛年生人平常。事業宮貪狼擎羊同度，遷移宮廉貞天相得巨門化祿來夾，減輕命宮不見祿的影響，又會照天魁天鉞貴人，格局中上。破軍不喜文昌文曲，尤不喜見昌曲單星，故必須參考文曲化科、文昌化忌在何宮位。陰年（巳酉丑、亥卯未）生人文曲化科必與鈴星對照，若命宮再會鈴星，有可能構成羊鈴會，即「七殺破軍，專依羊鈴之虐」。又因文昌化忌，亦有可能構成「鈴昌陀武」格。

男命行運較佳。第二大運癸巳，太陽化權，會巨門化祿再化權，太陰化科，本宮必見天馬，是為佳運。第三大運壬辰，武曲化忌，為一步弱運。此格中年運佳。第四大運辛卯，天同會對宮疊祿存，會巨門雙化祿。第五大運庚寅，七殺仰斗而見祿馬交馳。第六大運辛丑，天梁會太陽雙化權，疊祿存，運皆見祿。但仍需參考辛干文曲化科、文昌化忌在何宮位，以推斷吉凶。

女命第二大運乙未，天機化祿，會大運祿存。福德宮太陰化忌與本命祿存同宮，為羊陀夾忌，不利自身，不宜談戀愛。第三大運丙申，紫微天府，會廉貞化忌。此後運多見祿，即本格優勝之處。第四大運丁酉，太陰化祿，第五大運戊戌，貪狼化祿，第六大運己亥巨門化祿，第七運庚子，廉貞天相有巨門化祿來夾，再會申宮紫微天府與大運流祿來會。但仍需與命盤文曲化科、文昌化忌同參。

太陽 天鉞 乙巳 兄弟	破軍 丙午 命宮	天機 丁未 父母	紫微㊢ 天府㊕ 戊申 福德
武曲㊏ 甲辰 夫妻	破軍居午，壬生人亦主困		太陰 己酉 田宅
天同 天魁 癸卯 子女			貪狼 ▲陀羅 庚戌 事業
七殺 壬寅 財帛	天梁㊗ 癸丑 疾厄	廉貞 天相 ▲擎羊 壬子 遷移	巨門 祿存 辛亥 友屬

圖九：壬生人亦主困

破軍午宮守命，壬生人亦主困。破軍已會羊陀，陽年生人火鈴常相會，若火鈴皆落陽宮，有可能構成「三煞照命」，甚至「四煞照命」。

第一大運丙午破軍對廉貞化忌，福德宮紫微化權天府化科會廉貞武曲皆化忌，精神不快，福澤有損。煞刑重者，可成危運。

此格無論男女命，行運皆見反覆，加重困頓。

各運分析從略，作為讀者練習之用。

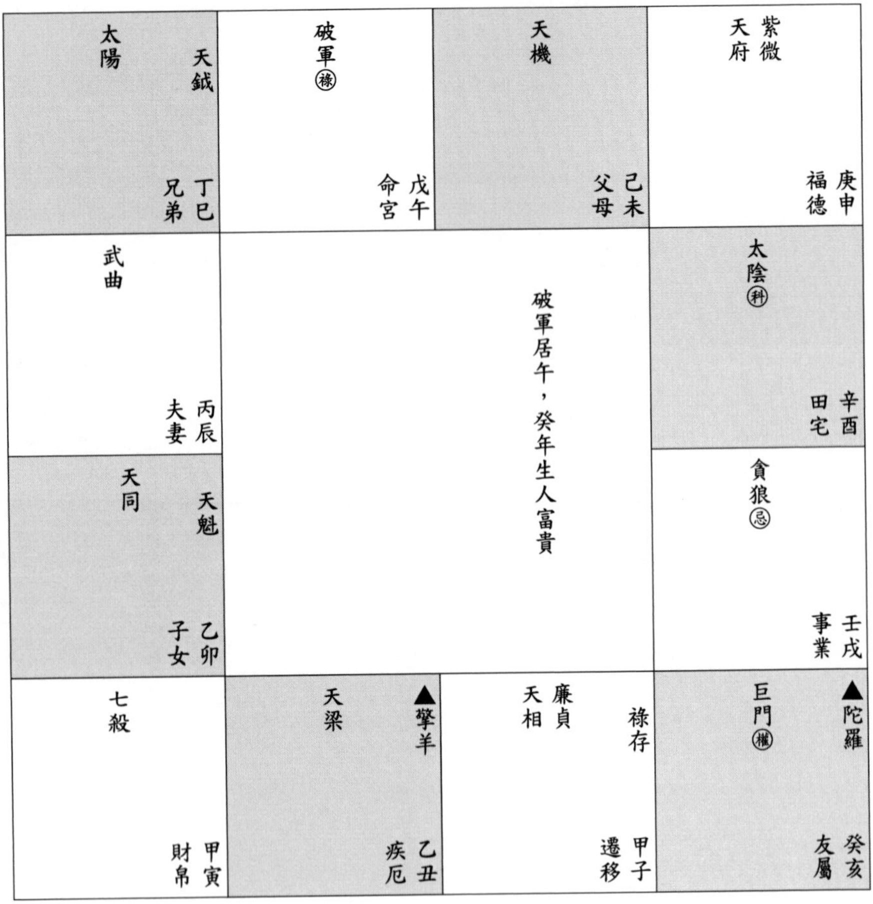
太陽
天鉞
丁巳 兄弟
破軍 祿
戊午 命宮
天機
己未 父母
紫微 天府
庚申 福德
武曲
丙辰 夫妻
破軍居午，癸年生人富貴
太陰 科
辛酉 田宅
天同
天魁
乙卯 子女
貪狼 忌
壬戌 事業
七殺
甲寅 財帛
天梁
▲擎羊
乙丑 疾厄
廉貞 天相
祿存
甲子 遷移
巨門 權
▲陀羅
癸亥 友屬

圖十：癸生人富貴

破軍午宮守命，癸生人主富貴。命宮破軍化祿，會對宮祿存，亦為雙祿交流格。殺破狼得祿，紫微天府天相亦得祿。

男命只第三運丙辰，不見祿，武曲會正副桃花皆化忌，陰年生人紅鸞天喜、咸池大耗等桃花雜曜必入陽宮，此大運宜避免感情問題。第二大運丁巳，太陽會太陰化科再化祿與巨門化權。第三大運丙辰，武曲會正副花皆化忌，宜小心在意，避免感情挫折，以免影響後運。第四大運乙卯，天同祿存，會太陰化忌、天機化祿。第五大運甲寅，七殺見祿馬交馳。第六大運乙丑，天梁化權對天機化祿。第七大運甲子，廉貞天相見祿權科會，晚運尤佳。

女命第三大運庚申，紫微天府見祿馬交馳。第四大運，辛酉太陰化科會大運祿存同度。第五運壬戌，貪狼忌對武曲化忌，最劣。第六大運癸亥，巨門雙化權而無祿，較弱。第七大運甲子廉貞化祿，會破軍化祿再化權，武曲化科，晚運亦佳。

本命格祿重，青年運及晚運亦多祿，富貴可期。

第五章　普查示例(二)：「科明祿暗」與「明祿暗祿」

《紫微斗數全書》卷一〈骨髓賦〉有謂：

科明祿暗，位列三台。

註云：

如甲生人安命亥宮值科星則在命宮，又天祿居寅則寅與亥合，故曰科明祿暗。

「三台」指舊日丞相級的高官，在現代，則略等於總理級。「科明祿暗」格，未必都能大貴。

又謂：

明祿暗祿，錦上添花。

坊本註云：

如甲生人立命亥宮，得化祿坐守又得寅祿夾貪。蓋寅與亥合之謂也。與前科明祿暗格同斷。

「虛白廬藏清刻本」則為：

如甲生人立命亥宮，得化祿坐守又得寅祿來合。蓋寅與亥合之謂也。與前科明祿暗格同斷。

「夾貪」與「來合」兩字形似，應以「來合」為是。

地支六合，必定一為陽支、一為陰支。

命宮在陽宮（子寅辰午申戌），六合宮必為陰宮（丑卯巳未酉亥）。假如祿存在六合宮，命宮三方四正必受擎羊陀羅影響，如果正曜星系忌羊陀照射的話，兩種格局都可能有「先天缺陷」。命宮陰支，六合宮陽支亦然。

不論「科明祿暗」還是「明祿暗祿」都未必成大格，應要分開十干研究。丙干文昌化科、辛干文曲化科，若構成「科明祿暗」，則連命宮正曜星系也還要知道，遇上不喜歡文昌文曲的正曜，就不一定可以「位列三台」了！

筆者對「六合宮」的推算法並不認同，也從不應用，「科明暗祿」與「明祿暗祿」亦只作參考。

此下的分析純為學術探討，敬希讀者垂注。

天相 己巳 遷移	天梁 庚午 疾厄	天鉞 廉貞(祿) 七殺 辛未 財帛	壬申 子女
巨門 戊辰 友屬			癸酉 夫妻
▲擎羊 紫微 貪狼 丁卯 事業			天同 甲戌 兄弟
祿存 天機 太陰 丙寅 田宅	天魁 ▲陀羅 天府 丁丑 福德	太陽(忌) 丙子 父母	武曲(科) 破軍(權) 乙亥 命宮

圖一：甲干科名祿暗

甲干科明祿暗，祿存在寅，命宮必為武曲化科，破軍化權在亥宮守命，且為祿權科會，因酉宮無正曜而須借星安宮，夫妻、福德、事業、財帛、遷移五宮皆見羊陀並照。再加火鈴會照，便會有多宮位三煞並照或四煞並照。而且陽年生人桃花雜曜又落陰宮，紫微貪狼與擎羊同宮為「桃花犯主」，本宮極可能桃花甚重，必須綜合參詳。田宅宮天機太陰必見馬交馳，如無火鈴空劫衝破，可以憑買賣物業致富。父母宮太陽子宮化忌，不利父星。

天同 辛巳 疾厄	武曲 天府 壬午 財帛	太陽 太陰㊐忌 癸未 子女	天鉞 貪狼 甲申 夫妻
▲擎羊 破軍 庚辰 遷移			天機㊐祿 巨門 乙酉 兄弟
祿存 己卯 友屬			紫微㊐科 天相 丙戌 命宮
▲陀羅 廉貞 戊寅 事業	己丑 田宅	天魁 七殺 戊子 福德	天梁㊐權 丁亥 父母

圖二：乙干科明祿暗

乙祿在卯，必為紫微化科天相在戌宮安命，得祿權夾、財蔭夾，是為兩重吉夾。

此格祿存在友屬宮，陀羅必在事業宮而擎羊必在遷移宮，即《太微賦》所謂：「祿居奴僕，縱有官也奔馳。」這裡的「奔馳」實指羊陀照命。又因為陰年生人，火星鈴星必不相會，十二個時辰之中，有八個時辰見火星或鈴星在三方四正，構成三煞並照，加劇奔馳的性質。

此格喜正月、七月生，有左輔右弼在辰戌宮對照之故。

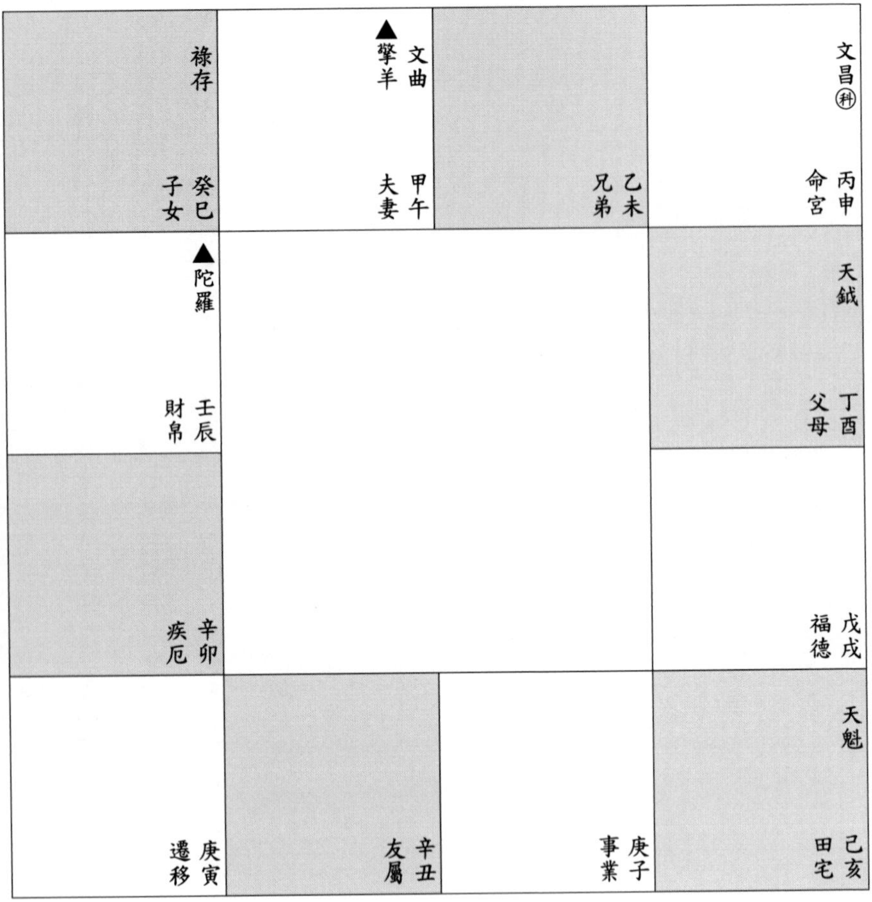
祿存
癸巳 子女
文曲
▲擎羊
甲午 夫妻
乙未 兄弟
文昌㊉
丙申 命宮
▲陀羅
壬辰 財帛
天鉞
丁酉 父母
辛卯 疾厄
戊戌 福德
庚寅 遷移
辛丑 友屬
庚子 事業
天魁
己亥 田宅

圖三：丙干科明祿暗

丙祿在巳，此格必為文昌化科在申宮安命。文昌化科一般利考試求學，但是格局高低仍應以正曜星系性質決定。

此格如命宮、夫妻宮正曜星系良好，夫妻恩愛，感情良好。

▲陀羅 太陽 乙巳 夫妻	祿存 破軍 丙午 兄弟	▲擎羊 天機(科) 丁未 命宮	紫微 天府 戊申 父母
武曲 甲辰 子女			天鉞 太陰(祿) 己酉 福德
天同(權) 癸卯 財帛			貪狼 庚戌 田宅
七殺 壬寅 疾厄	天梁 癸丑 遷移	廉貞 天相 壬子 友屬	天魁 巨門(忌) 辛亥 事業

圖四：丁干科明祿暗

丁祿在午，必為天機化科在未宮安命，會事業宮巨門化忌、財帛宮天同化權。天機在丑未宮本為弱宮，更不喜擎羊在命，影響到天機化科的聰明機變。

此格遷移宮天梁經常比命宮為佳，因不會巨門化忌而見太陰化祿、天機化科。天梁只要不再會火鈴，即合「天梁加吉坐遷移，巨商高賈」的格局。

祿存 天府 丁巳 子女	▲擎羊 天同 太陰(權) 戊午 夫妻	天鉞 武曲 貪狼(祿) 己未 兄弟	太陽(科) 巨門 庚申 命宮
▲陀羅 丙辰 財帛			天相 辛酉 父母
廉貞 破軍 乙卯 疾厄			天機(忌) 天梁 壬戌 福德
甲寅 遷移	天魁 乙丑 友屬	甲子 事業	紫微 七殺 癸亥 田宅

圖五：戊干科明祿暗（一）

戊祿在巳，太陽化科巨門在申宮安命合格。因事業宮、財帛宮無正曜，需借星安宮，便會齊太陰化權、天機化忌，又為羊陀並照。財帛宮借入天機化忌成為忌化相衝，不利投機。因福德宮天機化忌會羊陀，容易失計。

若為日生人，亦喜見百官朝拱。

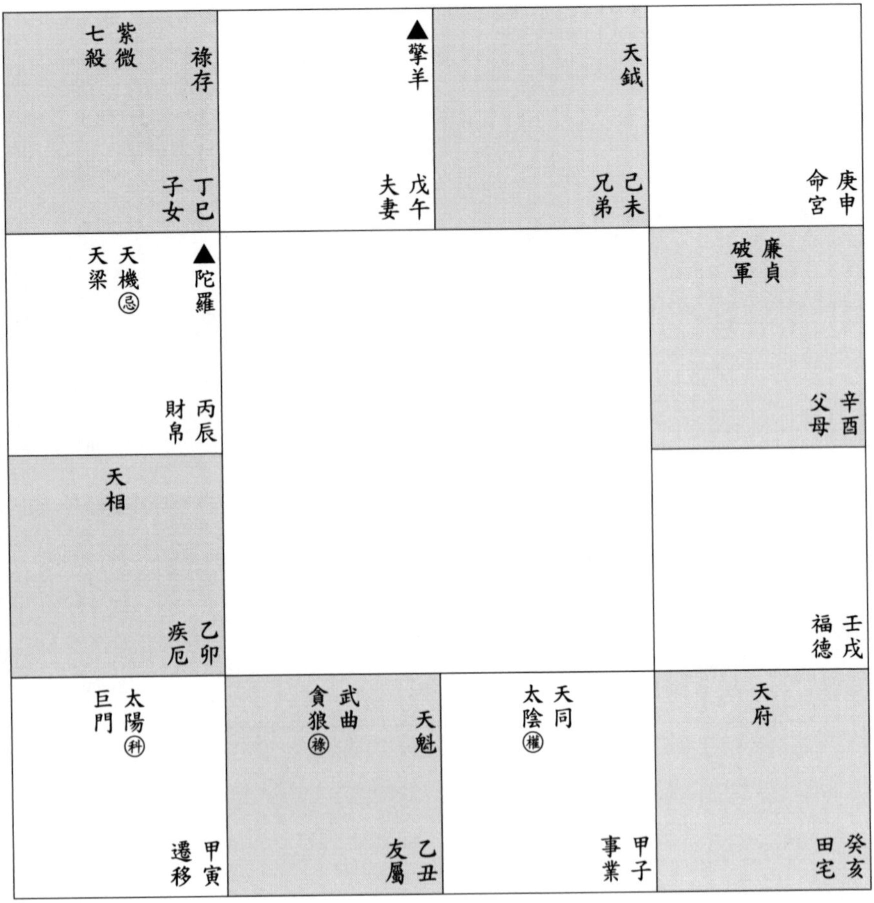

紫微 七殺 祿存
丁巳 子女
▲擎羊
戊午 夫妻
天鉞
己未 兄弟
庚申 命宮
天機忌 天梁 ▲陀羅
丙辰 財帛
廉貞 破軍
辛酉 父母
天相
乙卯 疾厄
壬戌 福德
太陽科 巨門
甲寅 遷移
武曲 貪狼祿 天魁
乙丑 友屬
天同 太陰權
甲子 事業
天府
癸亥 田宅

圖六：戊干科明祿暗（二）

本格亦可以申宮安命無正曜，借寅宮太陽化科巨門。財帛仍是忌化相衝，但命宮少了羊陀照射。

若為日生人，亦喜見百官朝拱。寅宮太陽乘旺，較太陽巨門坐申宮為較利男親。

▲陀羅 巨門 己巳 夫妻	祿存 廉貞 天相 庚午 兄弟	▲擎羊 天梁㊎科 辛未 命宮	天鉞 七殺 壬申 父母
貪狼㊎權 戊辰 子女			天同 癸酉 福德
太陰 丁卯 財帛			武曲㊎祿 甲戌 田宅
紫微 天府 丙寅 疾厄	天機 丁丑 遷移	天魁 破軍 丙子 友屬	太陽 乙亥 事業

圖七：己干科明祿暗

己祿在午，必為天梁化科在未宮安命。因有擎羊同度，性格主觀，性喜挑剔，若再加煞刑則為固執。亦須兼視文曲化忌、火星鈴星落何宮位。

天府(科) 辛巳 命宮	天同(忌) 太陰 壬午 父母	天鉞 ▲陀羅 武曲(權) 貪狼 癸未 福德	祿存 太陽(祿) 巨門 甲申 田宅
庚辰 兄弟			▲擎羊 天相 乙酉 事業
廉貞 破軍 己卯 夫妻			天機 天梁 丙戌 友屬
戊寅 子女	天魁 己丑 財帛	戊子 疾厄	紫微 七殺 丁亥 遷移

圖八：庚干科明祿暗

庚祿在申，必為天府化科在巳宮安命。因借星安宮，命宮見化科化權，又受羊陀照射。喜太陽化祿夾天相，成「財蔭夾印」，天府不屬空庫露庫。

因天府為南斗主星，本格亦喜百官朝拱。

癸巳 父母	天魁 甲午 福德	乙未 田宅	▲陀羅 丙申 事業
文曲㊊ 壬辰 命宮			祿存 丁酉 友屬
辛卯 兄弟			文昌㊣ ▲擎羊 ▲鈴星 戊戌 遷移
天鉞 庚寅 夫妻	辛丑 子女	庚子 財帛	己亥 疾厄

圖九：辛干科明祿暗

辛祿在酉，必為文曲化科在辰宮安命，文昌化忌在戌宮遷移宮。本格亦屬「祿居奴僕，縱有官亦奔馳」，本格必為子時生，為三煞照命會化忌。讀者可按起例，補足其他助曜，作為練習。

此格煞忌甚重，格局高低仍應以正曜星系取決。

遇巨門化祿在辰宮，會子宮太陽化權，反成奇格，艱難磨煉中克成事業。

遇太陽化權在辰宮，會子宮巨門化祿，則以日生人會百官朝拱為佳。

天鉞 巨門 乙巳 田宅	廉貞 天相 丙午 事業	天梁㊖ 丁未 友屬	七殺 戊申 遷移
貪狼 甲辰 福德			天同 己酉 疾厄
天魁 太陰 癸卯 父母			▲陀羅 武曲㊇ 庚戌 財帛
紫微㊟ 天府㊕ 壬寅 命宮	天機 癸丑 兄弟	▲擎羊 破軍 壬子 夫妻	祿存 太陽 辛亥 子女

圖十：壬干科明祿暗

壬祿在亥，必為紫微化權、天府化科在寅宮守命，財帛宮武曲化忌與陀羅同度為「忌化相衝」，主經常有財政困難，不宜從事涉及大量資金的工作。

命宮見南北斗主星，亦喜百官朝拱。

天鉞 天梁 丁巳 事業	七殺 戊午 友屬	己未 遷移	廉貞 庚申 疾厄
紫微 天相 丙辰 田宅			辛酉 財帛
天魁 天機 巨門㊓ 乙卯 福德			破軍㊗ 壬戌 子女
貪狼㊕ 甲寅 父母	▲擎羊 太陽 太陰㊖ 乙丑 命宮	祿存 武曲 天府 甲子 兄弟	▲陀羅 天同 癸亥 夫妻

圖十一：癸干科明祿暗（一）

癸祿在子，太陽太陰化科丑宮安命，借會巨門化權。

太陽太陰同宮，必有一為中天主星，故亦喜百官朝拱。因太陰乘旺，夜生人以太陰為主星，較佳。

天鉞 天同 丁巳 事業	武曲 天府 戊午 友屬	太陽 太陰(科) 己未 遷移	貪狼(忌) 庚申 疾厄
破軍(祿) 丙辰 田宅			天機 巨門(權) 辛酉 財帛
天魁 乙卯 福德			紫微 天相 壬戌 子女
廉貞 甲寅 父母	▲擎羊 乙丑 命宮	祿存 七殺 甲子 兄弟	▲陀羅 天梁 癸亥 夫妻

圖十二：癸干科明祿暗（二）

本格亦可以丑宮安命無正曜，借對宮未宮太陽太陰化科入命，會巨門化權。

「日月守，不如合照」，比太陽太陰在丑宮為佳，故亦喜百官朝拱。因太陽在未宮乘旺，日生人較佳。

己巳 遷移	天機 庚午 疾厄	紫微 破軍(權) 天鉞 辛未 財帛	壬申 子女
太陽(忌) 戊辰 友屬			天府 癸酉 夫妻
武曲(科) 七殺 ▲擎羊 丁卯 事業			太陰 甲戌 兄弟
天同 天梁 祿存 丙寅 田宅	天魁 ▲陀羅 天相 丁丑 福德	巨門 丙子 父母	廉貞(祿) 貪狼 乙亥 命宮

圖十三：甲干明祿暗祿（一）

甲祿在寅，廉貞化祿貪狼在亥宮安命，且為祿權科會。因正副桃花守命，宜從事與藝術相關的工作。具體變化，需參考雜曜，陽年生人，桃花雜曜落陰宮，本格桃花甚重。。

財帛宮見羊陀，若加見火鈴，進財動蕩。

夫妻宮天府亦可能加見火鈴，則感情與婚姻每每不如意。

廉貞㊗ 貪狼 己巳 遷移	巨門 庚午 疾厄	天鉞 天相 辛未 財帛	天同 天梁 壬申 子女
太陰 戊辰 友屬			武曲㊖ 七殺 癸酉 夫妻
▲擎羊 天府 丁卯 事業			太陽㊟ 甲戌 兄弟
祿存 丙寅 田宅	天魁 ▲陀羅 紫微 破軍㊕ 丁丑 福德	天機 丙子 父母	乙亥 命宮

圖十四：甲干明祿暗祿（二）

本格亦可以亥宮無正曜而借巳宮廉貞化祿貪狼安命，而府相朝垣。夫妻宮、福德宮、遷移宮為祿權科會。人生不及前例動蕩，較利離開出生地發展。

天府 辛巳 疾厄	天同 太陰(忌) 壬午 財帛	武曲 貪狼 癸未 子女	太陽 巨門 天鉞 甲申 夫妻
▲擎羊 庚辰 遷移			天相 乙酉 兄弟
廉貞 破軍 祿存 己卯 友屬			天機(祿) 天梁(權) 丙戌 命宮
▲陀羅 戊寅 事業	己丑 田宅	天魁 戊子 福德	紫微(科) 七殺 丁亥 父母

圖十五：乙干明祿暗祿（一）

乙祿在卯，天機化祿天梁化權在戌宮守命，而見太陰化忌與羊陀照射。因必須借申宮太陽巨門，此格十二時辰中，有十個時辰命宮見三煞併照及財帛宮太陰財星落陷化忌，不利財運。不可因「明祿暗祿」而以為必定進財順利。雖祿權守命而擅計劃與管理，亦難以盡情發揮，故事業不宜過份開展。經商者易陷財困。

紫微(科) 七殺 辛巳 疾厄	壬午 財帛	癸未 子女	天鉞 甲申 夫妻
▲擎羊 天機(祿) 天梁(權) 庚辰 遷移			廉貞 破軍 乙酉 兄弟
祿存 天相 己卯 友屬			丙戌 命宮
▲陀羅 太陽 巨門 戊寅 事業	武曲 貪狼 己丑 田宅	天魁 天同 太陰(忌) 戊子 福德	天府 丁亥 父母

圖十六：乙干明祿暗祿（二）

本格亦可以命在戌宮無正曜，借辰宮天機化祿天梁化權守命，借會天同太陰化忌，見羊陀照射。

此格的擎羊陀羅都因借星安宮而影響遍及六陽宮，比前例戌宮坐天機天梁為劣。

圖十七：丙干明祿暗祿（一）

廉貞(忌) 貪狼 祿存 癸巳 子女	巨門 ▲擎羊 甲午 夫妻	天相 乙未 兄弟	天同(祿) 天梁 丙申 命宮
太陰 ▲陀羅 壬辰 財帛			武曲 七殺 天鉞 丁酉 父母
天府 辛卯 疾厄			太陽 戊戌 福德
庚寅 遷移	紫微 破軍 辛丑 友屬	天機(權) 庚子 事業	天魁 己亥 田宅

丙祿在巳，天同化祿天梁在申宮安命，「機月同梁」格。若見文昌化科，可成祿權科會。

此格子女宮為「羊陀夾忌」，同時借入田宅宮，不可一見「明祿暗祿」就以為一定有利。

祿存 癸巳 子女	▲擎羊 天機㊡權 甲午 夫妻	紫微 破軍 乙未 兄弟	丙申 命宮
▲陀羅 太陽 壬辰 財帛			天鉞 天府 丁酉 父母
武曲 七殺 辛卯 疾厄			太陰 戊戌 福德
天同㊡祿 天梁 庚寅 遷移	天相 辛丑 友屬	巨門 庚子 事業	天魁 廉貞㊡忌 貪狼 己亥 田宅

圖十八：丙干明祿暗祿（二）

本格亦可以命在申宮無正曜，借寅宮天同化祿天梁安命，不成「機月同梁」格，因不會天機化權，不可能祿權科會。

此格子女宮借星安宮之後，仍為「羊陀夾忌」，但田宅宮則只是化忌對祿存。

▲陀羅 天同(權) 乙巳 夫妻	祿存 武曲 天府 丙午 兄弟	▲擎羊 太陰(祿) 太陽 丁未 命宮	貪狼 戊申 父母
破軍 甲辰 子女			天鉞 天機(科) 巨門(忌) 己酉 福德
癸卯 財帛			紫微 天相 庚戌 田宅
廉貞 壬寅 疾厄	癸丑 遷移	七殺 壬子 友屬	天魁 天梁 辛亥 事業

圖十九：丁干明祿暗祿（一）

丁祿在午，太陰化祿太陽在未宮守命，擎羊同度。因借星安宮，成祿科忌會，亦見魁鉞貴人。

此格亦喜百官朝拱。

▲陀羅 天梁 乙巳 夫妻	祿存 七殺 丙午 兄弟	▲擎羊 丁未 命宮	廉貞 戊申 父母
紫微 天相 甲辰 子女			天鉞 己酉 福德
天機(科) 巨門(忌) 癸卯 財帛			破軍 庚戌 田宅
貪狼 壬寅 疾厄	太陰(祿) 太陽 癸丑 遷移	武曲 天府 壬子 友屬	天魁 天同(權) 辛亥 事業

圖二十：丁干明祿暗祿(二)

本格亦可以未宮守命無正曜，擎羊獨守，借丑宮太陰化祿太陽入度。為祿權科忌四化齊會，比太陽太陰在未宮更佳，亦喜百官朝拱。

祿存 天同 丁巳 子女	▲擎羊 武曲 天府 戊午 夫妻	天鉞 太陽㊎科 太陰㊎權 己未 兄弟	貪狼㊎祿 庚申 命宮
▲陀羅 破軍 丙辰 財帛			天機㊎忌 巨門 辛酉 父母
乙卯 疾厄			紫微 天相 壬戌 福德
廉貞 甲寅 遷移	天魁 乙丑 友屬	七殺 甲子 事業	天梁 癸亥 田宅

圖廿一：戊干明祿暗祿

戊祿在巳，必為貪狼化祿在申宮安命。此格喜見火鈴，但不宜火星與陀羅同度。

福德宮為紫微天相，刑忌夾印而不得祿，若無百官朝拱，可能發展為無情無義以致影響運程。

▲陀羅 天府 己巳 夫妻	祿存 天同 太陰 庚午 兄弟	▲擎羊 武曲(祿) 貪狼(權) 辛未 命宮	天鉞 太陽 巨門 壬申 父母
戊辰 子女			天相 癸酉 福德
廉貞 破軍 丁卯 財帛			天機 天梁(科) 甲戌 田宅
丙寅 疾厄	丁丑 遷移	天魁 丙子 友屬	紫微 七殺 乙亥 事業

圖廿二：己干明祿暗祿（一）

己祿在午，武曲化祿貪狼化權在未宮安命，擎羊同度。

此格權祿重，見火鈴主暴發。需兼視文曲化忌在何宮位。若會文曲化忌及火鈴，需防橫發橫破。

紫微 七殺 ▲陀羅 己巳 夫妻	祿存 庚午 兄弟	▲擎羊 辛未 命宮	天鉞 壬申 父母
天機 天梁(科) 戊辰 子女			廉貞 破軍 癸酉 福德
天相 丁卯 財帛			甲戌 田宅
太陽 巨門 丙寅 疾厄	武曲(祿) 貪狼(權) 丁丑 遷移	天同 太陰 天魁 丙子 友屬	天府 乙亥 事業

圖廿三：己干明祿暗祿（二）

本格亦可以未宮擎羊獨守，借丑宮武曲化祿貪狼化權安命而府相朝垣，不及前造動蕩。

巳酉丑年生人，以丑宮武曲貪狼為「貪居旺宮」，慾望強烈，喜見火鈴。亦需兼視文曲化忌在何宮位。若會文曲化忌及火鈴，需防横發横破。

太陽 (祿) 辛巳 命宮	破軍 壬午 父母	天鉞 ▲陀羅 天機 癸未 福德	祿存 紫微 天府 (科) 甲申 田宅
武曲 (權) 庚辰 兄弟			▲擎羊 太陰 乙酉 事業
天同 (忌) 己卯 夫妻			貪狼 丙戌 友屬
七殺 戊寅 子女	天魁 天梁 己丑 財帛	廉貞 天相 戊子 疾厄	巨門 丁亥 遷移

圖廿四：庚干明祿暗祿

庚祿在申，必為太陽化祿在巳宮安命，因太陽乘旺，喜日生人而得百官朝拱，可得富貴。若無百官朝拱，可能只是空心老倌。

夫妻宮天同化忌會羊陀及天鉞單星，需防感情問題影響運程。

天相 癸巳 父母	天魁 天梁 甲午 福德	廉貞 七殺 乙未 田宅	▲陀羅 丙申 事業
巨門 (祿) 壬辰 命宮			祿存 丁酉 友屬
紫微 貪狼 辛卯 兄弟			▲擎羊 天同 戊戌 遷移
天鉞 天機 太陰 庚寅 夫妻	天府 辛丑 子女	太陽 (權) 庚子 財帛	武曲 破軍 己亥 疾厄

圖廿五：辛干明祿暗祿

辛祿在酉，必為巨門化祿在辰宮安命，亦屬「祿居奴僕」，羊陀照射，加強奔波。
若見文曲化科、文昌化忌在辰戌宮對照，成為奇格，可得富貴，唯是煞重，必歷盡艱辛。

天鉞 乙巳 田宅	天機 丙午 事業	紫微(權) 破軍 丁未 友屬	戊申 遷移
太陽 甲辰 福德			天府(科) 己酉 疾厄
天魁 武曲(忌) 七殺 癸卯 父母			▲陀羅 太陰 庚戌 財帛
天同 天梁(祿) 壬寅 命宮	天相 癸丑 兄弟	▲擎羊 巨門 壬子 夫妻	祿存 廉貞 貪狼 辛亥 子女

圖廿六：壬干明祿暗祿（一）

壬祿在亥，天梁化祿在寅宮安命，「機月同梁」格。陽年生人天馬必在寅申宮，加強星系浮蕩性質。

此格行運不佳，遷移宮受紫微化權天府化科所夾，宜考慮離開出生地發展。

初運壬寅父母宮武曲雙化忌，頗受父母境況影響。

男命第二大運癸卯，武曲化忌會貪狼化忌，雖有破軍化祿、紫微化權、天府化科的祿權科會，仍主破敗。有可能因物慾不滿足而誤入歧途。第三大運太陽化忌，若前運出事，此運可能名譽受損。

女命第二大運癸丑，夫妻宮福德宮坐化忌，不宜早談戀愛。

天鉞 廉貞 貪狼 乙巳 田宅	巨門 丙午 事業	天相 丁未 友屬	天同 天梁㊦ 戊申 遷移
太陰 甲辰 福德			武曲㊣ 七殺 己酉 疾厄
天魁 天府㊕ 癸卯 父母			▲陀羅 太陽 庚戌 財帛
壬寅 命宮	紫微㊝ 破軍 癸丑 兄弟	▲擎羊 天機 壬子 夫妻	祿存 辛亥 子女

圖廿七：壬干明祿暗祿（二）

本格亦可以寅宮安命無正曜，借申宮天梁化祿天同入命。本格有紫微化權天府化科來夾，成「科權夾命格」

初運壬寅疾厄宮武曲雙化忌，不宜再見火鈴。

女命第二大運癸丑，紫微化權破軍化祿，為獨當一面的大運，但事業宮貪狼化忌、財帛宮武曲化忌，恐為因經濟問題而過早投身社會之徵。現代可能表現為失學。

男命第二大運癸卯，武曲化忌正照，借會貪狼化忌形成財帛宮「羊陀夾忌」，事業宮天相對紫微化權破軍化祿，亦為綴學投身社會之徵。

廉貞 貪狼㊀忌 天鉞 丁巳 事業	巨門㊀權 戊午 友屬	天相 己未 遷移	天同 天梁 庚申 疾厄
太陰㊀科 丙辰 田宅			武曲 七殺 辛酉 財帛
天府 天魁 乙卯 福德			太陽 壬戌 子女
甲寅 父母	▲擎羊 紫微 破軍㊀祿 乙丑 命宮	祿存 天機 甲子 兄弟	▲陀羅 癸亥 夫妻

圖廿八：癸干明祿暗祿

癸祿在子，必為紫微破軍化祿在丑宮安命，擎羊同度會武曲七殺，廉貞貪狼化忌。喜百官朝拱，不喜在野孤君。

尤喜見左輔右弼。九月、十一月生人最佳，得左輔右弼夾，即《太微賦》所謂：「輔弼夾帝為上品。」十月輔弼在丑宮亦佳。

第六章　解通「帝皇局」與「竹蘿三限」

紫微斗數有所為「竹蘿三限」，當中的「蘿」在不同的書籍也有作「籮」或「羅」。

坊本《紫微斗數全書》卷二〈定男女竹蘿三限〉有云：

法曰：『同前帝皇局例，只是逆行以上此二數逆排定，只托三方四正七殺破軍俱作竹蘿三限，若再加巨暗凶星便作三方四正定議，若大小二限相遇作死限斷。』

這一條引發了紫微斗數論命的兩個謎團。

一：何謂「帝皇局」？

二：何謂「竹蘿三限」？

第一節　版本對校破解「帝皇局」

上述「帝皇局」的爭議，其實源於古籍一再重新刻刊時常見的毛病，就是在傳抄製版的過程中，出現所謂「魯魚亥豕」的老問題。

根據虛白廬藏明末清初木刻本《紫微斗數全書》，這個「帝皇局」其實是「帝星局」！坊本這段除了這個錯字，其餘都與虛白廬藏本相同，即是只此一錯。

真相是「皇」與「星」形似，因而誤刊！

在此先簡介一下，中國傳統印刷術中的木刻印刷是怎麼樣的一回事。

我們在二十世紀下半葉長大的中國讀書人，自小就學過中國四大發明之一是宋代畢昇發明的「活字印刷術」。實情是這項技術因為漢字常用字太多而不能成為主流，倒是雕版印刷術之一的木刻印刷術更為常用。

例如明本《紫微斗數捷覽》（心一堂已出版）即是一例，畢竟木刻雕版反而比活版更易收藏。歐洲語文用拼音文字，只用少量字母，效率比原先的抄寫高出很多，所以中國發明的活字印刷術要傳入歐洲之後，才在彼邦發揚光大。

木刻印刷的第一步仍是拿作者的手稿抄寫，第二步是交由工匠按手抄本的字體，刻在木版上。手抄過程有可能出錯，雕刻時又再有可能出錯。

我們多讀木刻印刷的術數古籍，便經常遇上明顯的錯字，例如「己」、「已」、「巳」混淆。遇上類似錯誤，稍有術數基礎的讀者都能分辨。又如「民」和「艮」也容易混淆，如果涉及易學和術數的書籍，讀者也容易分辨。

原文是「星」，訛誤作「皇」，早前在香港刊行的當代紫微斗數書籍也出現過！曾有前輩名家在著作中講解「英星入廟格」，那是破軍在子宮或午宮而遇諸吉星的格局。因為那本書的校對工作比較馬虎，以致全書錯誤極多，「英星入廟」竟然變成「英皇入廟」！

那麼「帝星局」訛變為「帝皇局」就很合乎情理了！

那麼坊本《紫微斗數全書》又因何出現這麼多錯訛呢？

在此又要介紹一下「石版印刷術」。

這個平面印刷術在清末光緒初年傳入中國，源於石版畫印刷技術。辦法是在石板（或金屬板上）繪畫，再用特製化學藥水處理。經處理後，畫過的部分受墨而拒水，沒有畫過的空白地方受水而拒墨。因為墨與水不相容，製成石版之後，移印到紙上就非常簡便。

此後石印畫報風行一時，好處是可以將圖畫和文字解釋很容易都會印在同一張紙上面。晚清石印畫報如《點石齋畫報》等，向中國民眾介紹國內外風土人情、開啟民智的方面貢獻良多。

石印技術亦有利有弊，民國初年有些不良書商，為了從速從簡翻印舊籍牟利，便大量濫用此新技術，卻沒有做好校對工作。《紫微斗數全書》的民國石印本就因粗製濫造而錯訛百出，差不多每一頁都有抄錯字！

後出以鉛字印刷技術重刊的坊本《紫微斗數全書》就因為由不懂斗數的人重排石印本而致嚴重出錯，「帝星局」誤作「帝皇局」，與及本書先前各章介紹的異文都是在這樣的情況下產生。

閒話表過，言歸正傳。

《紫微斗數全書》所謂「同前帝星局例」，說明「帝星局」應該曾在卷二的〈定竹蘿三限〉之前出現過。可是遍閱卷一、卷二都無所獲！那就要將找出「帝星局」三字連用的情況，改為搜尋「帝星」兩字連用。

按虛白盧藏明末清初木刻本《紫微斗數全書》與坊本對讀，可以找到以下各條：

（一）卷一〈諸星答問篇．祿存〉：

與帝星守官祿宜子孫爵秩。

這一句坊本與清初木刻本完全相同，當中的「帝星」當然是紫微了！

（二）卷二〈論壽夭淫蕩〉：

貪狼入廟最高強，南極星同壽命長。北斗帝星無惡殺，綿綿老耋衍禎祥。（坊本）

貪狼入廟最高強，南極天同壽命長。北斗帝星無惡殺，綿綿老耋衍禎祥。（虛白盧藏本）

這首歌訣在坊本有一錯字，「南極星同」沒有說明是那顆正曜，「南極天同」則必然是「南斗」的天同。

「帝星」或「北斗帝星」必定是紫微。「帝星」既是紫微，「帝星局」必然是「紫微局」了。

第二節 從「版本對讀」到「書內印證」

單純比較明末清初刻本和坊本《紫微斗數全書》還未夠，應該再參考明刊本《紫微斗數捷覽》卷一〈定竹羅三限訣〉另有口訣：

只論三方殺破狼，
竹羅三限此中詳。
若加巨暗凶星會，
大小限遇入泉鄉。

這一條明末清初刻本《紫微斗數全書》用散文表達，明刊本《紫微斗數捷覽》則用七言詩說明，內容基本沒有兩樣，但是歌訣的附註卻說得更明白：

凡大小二限。三方四正。遇七殺破軍貪狼三星。並巨暗及流年太歲。諸凶殺曜交會。其年必凶。

這裡說明紫微斗數的「竹蘿三限」或「竹羅三限」就是七殺、破軍或貪狼任一正曜獨坐的情況，再行巨門坐守的大限流年而煞重，這流年便是凶年！

茲列成一表，涵蓋所有情況：

紫微	七殺	破軍	貪狼	巨門
子（獨坐）	戌	寅	午	未（天同同宮）
午（獨坐）	辰	申	子	丑（天同同宮）
寅（天府同宮）	申	子	辰	巳
申（天府同宮）	寅	午	戌	亥
辰（天相同宮）	午	戌	寅	卯（天機同宮）
戌（天相同宮）	子	辰	申	酉（天機同宮）

現在可以總結構成「竹羅三限」（在此依據明本《紫微斗數捷覽》的用字）的條件是「惡性」的「殺破狼」，經行「惡性」的巨門大運流年，就有可能出現足以致命的凶險事。

「竹羅三限」的關鍵不單是「殺破狼」，按書中的解說還要見「巨門」！又因為殺破狼與巨門在星盤上不能相會，「巨暗凶星會」就只能在大運或流年了。此下還要再看看「殺破狼」會「巨門」是吉是凶。可以從《紫微斗數全書》追尋。

（一）七殺會巨門（卷一《諸星問答篇．七殺》）

合太陽巨門會帝旺之鄉則吉。

帝旺之鄉在此不專指子午卯酉四宮，其實僅指良性的七殺經行良性的太陽運或巨門運則得吉，請注意命盤上的太陽和巨門兩正曜永遠會照！（見《潘國森斗數教程（一）：入門篇》頁一六五）

（二）破軍會巨門（卷一〈諸星問答篇．破軍〉）

與巨門同度則口舌爭鬥。

「破軍與巨門同度」實指破軍（本命）經行巨門（大運流年），主口舌是非，嚴重程度應以本命破軍星系和大運流年巨門星系的吉凶綜合研判。

（三）貪狼會巨門（卷一〈諸星問答篇．貪狼〉）

巨門交戰，口舌是非常有。

貪狼與巨門交戰，也是指貪狼經行巨門。

綜合以上三條，七殺會巨日有可能獲吉，貪狼或破軍會巨門則主口舌。

(四) 巨門會殺破狼 (卷一〈諸星問答篇．巨門〉)

逢七殺則主殺傷。貪耗同行，因好徒配。

前半是巨門行七殺運，有可能遭遇暴力損傷，輕重生死視乎煞星多寡。後半的「耗」是破軍，意指巨門行貪狼運或破軍運，有可能因為不良嗜好而犯官非受刑。

第三節　跨科合參

「竹羅三限」、「竹蘿三限」還是「竹籮三限」？

從漢語文字學的演進過程來看，漢字長時間由而繁，初從應該先有「羅」，然後按形聲造字的法則，衍生出「蘿」和「籮」兩個上形下聲字。

「蘿」從「艸」，與草本植物有關，常用詞有「蘿蔔」和「蔦蘿」等。

「籮」從「竹」，與竹有關，是以竹蔑編織成的載具。

這是什麼意思？概念從何而來？那個才是正確的用字？

紫微斗數這一門算命術數，屬於「星命之學」，因為中國最早出現的算命術數就是要按當時人出生時天上星辰的排列，來推算人生的順逆。

中國星命學名著《果老星宗》，本名《張果星宗》，相傳是唐代道士張果的著作，張果老即是民間信仰中的八仙之一。《果老星宗》有提及「竹羅三限」。

此外明代星命學名家萬民英（字育吾）著有《三命通會》和《星學大成》。《星學大成》則有提及「竹籮三限」。

於是乎三種說法都有了源頭。

《果老星宗》和《星學大成》講的「竹羅（籮）三限」大體相同，指古典占星的「三分主星」（Triplicity），這在阿拉伯占星和古希臘占星都是差不多。以「黃道十二宮」每隔三宮合成一組，後來就演進成中國術數中「十二支」中的四組三合局，即：

申子辰合水局

寅午戌合火局

巳酉丑合金局

亥卯未合木局

這在其他後出的術數常用，例如「子平」和「紫微斗數」。

占星術中的「竹羅三限」是以日生人和夜生人的七政（日月五星）天體的落於何宮，以判定旺弱及格局高低。

《果老星宗》列明

《星學大成》有謂：

竹羅乃山名。在天之西北。夜半子時諸星列宿皆聚。具五判人間禍福。李袁門士曾造彼處。授書一卷。分為一限經。若限主得地則富貴終始如一。

例如命宮在寅、午、戌三宮，晝生人以日、水、土三曜為「竹羅三限」；夜生人以水、日、土三曜為「竹羅三限」。

現時西洋占星以「黃道十二宮」配「四大」，見下表：

黃道十二宮	四大	寒熱	燥濕
白羊宮 Aries	火	熱	燥
金牛宮 Taurus	土	寒	燥
雙子宮 Gemini	氣	熱	濕
巨蟹宮 Cancer	水	寒	濕
獅子宮 Leo	火	熱	燥
室女宮 Virgo	土	寒	燥
天秤宮 Libra	氣	熱	濕
天蠍宮 Scorpio	水	寒	濕
射手宮 Sagittarius	火	熱	燥
磨蠍宮 Capricorn	土	寒	燥
水瓶宮 Aquarius	氣	熱	濕
雙魚宮 Pisces	水	寒	濕

屬於「火大」的三宮，即白羊宮、獅子宮和射手宮，再加其他「三大」的組合，就是子平和紫微斗數「三合局」的淵源。

不過「黃道十二宮」以「中氣」為起訖點，跟子平的月建以「節氣」為起訖點差了半個月！

見下表：

二十四節氣	對應公曆	月建	黃道十二宮	陰陽兩氣	十二辟卦	
春分	三月下旬	卯月中	白羊宮起點	四陽之候起點	雷天大壯	䷡
清明	四月上旬	辰月節	白羊宮正中	四陽之候正中	雷天大壯	䷡
穀雨	四月下旬	辰月中	金牛宮起點	五陽之候起點	澤天夬	䷪
立夏	五月上旬	巳月節	金牛宮正中	五陽之候正中	澤天夬	䷪
小滿	五月下旬	巳月中	雙子宮起點	六陽之候起點	乾為天	䷀
芒種	六月上旬	午月節	雙子宮正中	六陽之候正中	乾為天	䷀
夏至	六月下旬	午月中	巨蟹宮起點	一陰之候起點	天風姤	䷫
小暑	七月上旬	未月節	巨蟹宮正中	一陰之候正中	天風姤	䷫
大暑	七月下旬	未月中	獅子宮起點	二陰之候起點	天山遯	䷠
立秋	八月上旬	申月節	獅子宮正中	二陰之候正中	天山遯	䷠
處暑	八月下旬	申月中	室女宮起點	三陰之候起點	天地否	䷋
白露	九月上旬	酉月節	室女宮正中	三陰之候正中	天地否	䷋
秋分	九月下旬	酉月中	天秤宮起點	四陰之候起點	風地觀	䷓
寒露	十月上旬	戌月節	天秤宮正中	四陰之候正中	風地觀	䷓
霜降	十月下旬	戌月中	天蠍宮起點	五陰之候起點	山地剝	䷖
立冬	十一月上旬	亥月節	天蠍宮正中	五陰之候正中	山地剝	䷖
小雪	十一月下旬	亥月中	射手宮起點	六陰之候起點	坤為地	䷁
大雪	十二月上旬	子月節	射手宮正中	六陰之候正中	坤為地	䷁

冬至	十二月下旬	子月中	磨蠍宮起點	一陽之候起點	地雷復	䷗
小寒	正月上旬	丑月節	磨蠍宮正中	一陽之候正中	地雷復	䷗
大寒	正月下旬	丑月中	水瓶宮起點	二陽之候起點	地澤臨	䷒
立春	二月上旬	寅月節	水瓶宮正中	二陽之候正中	地澤臨	䷒
雨水	二月下旬	寅月中	雙魚宮起點	三陽之候起點	地天泰	䷊
驚蟄	三月上旬	卯月節	雙魚宮正中	三陽之候正中	地天泰	䷊

最後總結，古代占星術的「竹羅三限」是指不同的三合宮位，在什麼情況下是吉格；紫微斗數的「竹羅三限」則借用前代術數的名詞，僅指「殺破狼」獨坐的格局，在什麼情況下構成凶格。

如此而矣！

第四節 命例：三國魏主曹髦

此下舉一「殺破狼」守命的橫死命例，即三國時魏國的曹髦，他是三少帝中的第二位，崩後被貶為「高貴鄉公」。

曹髦（二四一至二六零），字彥士，生於魏少帝齊王芳正始二年，崩於甘露五年，得年二十。魏東海定王曹霖（？至二五零）之子，魏文帝曹丕之孫。

魏正始十年（二五四），曹魏權臣司馬懿（一七九至二五一）發動政變，誅滅一同輔政的宗室旁支曹爽（？至二四九）。此事可參考《三國演義》第一百零六回〈司馬懿詐病賺曹爽〉。

司馬懿死後，長子司馬師（二零八至二五五）於嘉平六年（二五四）廢曹芳為齊王，立曹髦繼位。

曹髦在甘露五年（二六零）發動政變，企圖誅殺權臣司馬昭（二一一至二六五，司馬師之弟），失敗被殺。此事可參考《三國演義》第一百零九回〈曹髦驅車死南闕〉。

《三國志》裴松之註引《漢晉春秋》記載：

<table>
<tr>
<td>太陰
癸巳 疾厄宮
病</td>
<td>貪狼
天魁
甲午 財帛宮
衰</td>
<td>巨門(祿)
天同
乙未 子女宮
帝旺</td>
<td>天相
武曲
▲陀羅
丙申 夫妻宮
臨官</td>
</tr>
<tr>
<td>天府
廉貞
文曲(科)
壬辰 遷移宮
死</td>
<td colspan="2" rowspan="2">二四一年辛酉九月廿五日子時
陰男　曹髦
木三局
命主：文曲
身主：天同</td>
<td>天梁
太陽(權)
天鉞 ▲鈴星
丁酉 兄弟宮
13-22
冠帶</td>
</tr>
<tr>
<td>▲火星
辛卯 友屬宮
墓</td>
<td>七殺
文昌(忌) ▲擎羊 ▲鈴星
戊戌 命宮 身宮
3 -12
沐浴</td>
</tr>
<tr>
<td>破軍
右弼 天魁
庚寅 事業宮
絕</td>
<td>辛丑 田宅宮
胎</td>
<td>紫微
庚子 福德宮
養</td>
<td>天機
天馬 地劫 劫空
己亥 父母宮
長生</td>
</tr>
</table>

帝見威權日去，不勝其忿。乃召侍中王沈、尚書王經、散騎常侍王業，謂曰：「司馬昭之心，路人所知也。吾不能坐受廢辱，今日當與卿自出討之。」

這段文字中的「帝」，即是曹髦。結果王沈、王業通風報訊，讓司馬昭有準備，曹髦被成濟所弒，王經亦連坐被殺。常用諺語「司馬昭之心路人皆見」即是曹髦留下的名句。

曹髦的斗數命格是七殺在戌宮守命，同時是身宮，六吉星見其五（只是不見左輔），但文昌化忌，又見擎羊鈴星同宮。這個格局既合「竹羅三限」，同時也構成「七殺破軍，專依羊鈴之虐」的敗局。

七殺與文星氣質不投，但是魁鉞昌曲並見，亦為貴格，而且聰明俊秀。《三國志・魏志．三少帝紀》說他「少學夙成」。

父母宮天機天馬會化祿化權，又為雙祿交流，故出身在貴顯之家。命宮、父母宮各見火鈴，主父母緣薄，表徵為重拜父母。因為曹芳被廢，郭太后（曹叡之妻）選定曹髦入繼大統。

福德宮紫微在子宮，三方四正會齊左輔、文曲化科和天魁三單星，連貴吉雜曜也是三台和台輔單星，單星如此之多，力量單薄，人生的福澤自然欠佳。

友屬宮火星獨坐，雖借會太陽化權、巨門化祿和祿馬交馳，但受地空地劫破壞，僅主下屬多貴。故一生人下屬不得力，且被出賣。

二運丁酉，借會巨門化祿再化忌，亦為祿逢衝破，吉處藏凶，再加大運羊陀照射。因原局是「七殺羊鈴」的凶格，於是凶上加凶。

此運須注意疾厄宮，原局太陰坐守，未見大凶，但是丁酉大運疾厄宮是行廉貞天府會三煞，巨門化忌夾武曲天相，令這一組武曲天相構成「刑忌夾印」。疾厄宮主疾病與災厄，故在此大運橫死。

曹髦崩於庚辰年（二六零），流年命宮廉貞天相，讀者可自行檢視流年命宮、疾厄宮和友屬宮，作為練習。

第五節　命例：清代詩人黃景仁

此下再舉一實例，正合古書上講「竹羅三限」的條件，即是原局是惡性的殺破狼，經行惡性的巨門運而「入泉鄉」。

清乾隆朝苦命詩人黃景仁（一七四九至一七八三），字仲則，江蘇武進人。生於乾隆十四年己巳，卒於乾隆四十八年癸卯，得年三十五。

黃景仁斗數命格是申宮七殺守身命，對照紫微天府，即「七殺朝斗格」。命宮會天魁天鉞貴人，貪狼化權鈴星，左輔文昌單星。凡七殺守命，最喜左輔右弼對星，現在不成對，領導力大為減色。

黃氏命格的病根，在於武曲化祿與文曲化忌同居於福德宮，古訣云：「祿逢衝破，吉處藏凶。」財帛宮貪狼化權鈴星會齊六吉，惜因化祿化忌相衝，反成敗局，故財源不繼，一生貧窮。因文星化忌，雖然文才淵博雅洽，卻考場不利，共計七次赴鄉試而未能中舉。

二運辛未（十四至廿三歲），天梁化科，擎羊同度。此運中娶妻生子，文聲早著。

巨門 ▲陀羅 △地劫 △地空 34-43 長生 己巳 子女宮	天相 廉貞 祿存 24-33 帝旺 庚午 夫妻宮	天梁㊌ ▲火星 14-23 衰 辛未 兄弟宮	七殺 天鉞 4-13 病 壬申 命宮 身宮
貪狼㊔ 左輔 文昌 ▲鈴星 沐浴 戊辰 財帛宮	一七四九年己巳正月初四午時 陽男 黃景仁 金四局 命主：武曲 身主：天機		太陰 ▲火星 死 癸酉 父母宮
太陰 冠帶 丁卯 疾厄宮			貪狼 右弼 文曲㊏ 墓 甲戌 福德宮
天府 紫微 臨官 丙寅 遷移宮	天機 養 丁丑 友屬宮	破軍 天魁 胎 丙子 事業宮	巨門 天馬 絕 乙亥 田宅宮

三運庚午（廿四至三十三歲），廉貞天相祿存同宮，被戌宮文曲化忌衝破，寡頭一點祿存而未見六吉扶持，反而令羊陀夾命的力量抬頭。

四運己巳，巨門與兩重陀羅及地空地劫同宮，正合「竹羅三限」提及「入泉鄉」的條件。因避債打算遠到陝西，結果不堪債主臨門，死在山西客寓。

黃景仁是清代大詩人，因受課程限制，香港年青學子較少機會接觸清詩，在此選取數首，以饗讀者。

《雜感》約作於辛未運，而《別老母》、《別內》、《都門秋思》都作於庚午運，各詩都深深反映一個潦倒讀書人不擅營生、饑寒交迫的悲歌。

《雜感》

仙佛茫茫兩未成，只知獨夜不平鳴。
風蓬飄盡悲歌氣，泥絮沾來薄倖名。
十有九人堪白眼，百無一用是書生。

莫因詩卷愁成讖，春鳥秋蟲自作聲。

《別老母》

搴帷拜母河梁去，白髮愁看淚眼枯。
慘慘柴門風雪夜，此時有子不如無。

《別內》

幾回契闊喜生還，人老淒風苦雨間。
今夜別君無一語，但看堂上有衰顏。

《都門秋思》：

五劇車聲隱若雷，北邙惟見塚千堆。

心一堂其他課程：易學・術數・養生・太極拳

易學、易占	實用象數易六爻占卜基礎、進階	愚人老師（《增刪卜易之六爻古今分析》作者）	本課程介紹象數易六爻占卜基礎。深入淺出。除理論外，配以六爻占卜實際操作及解卦方法。
	六爻入門、深造、《增刪卜易》理論研討	李凡丁老師（《全本校註增刪卜易》作者）	以《增刪卜易》為經，民間六爻為緯，分易占思維、基礎點竅、事理取用、卦爻結構、作用順序、象法初階等幾方面進行講解。首次公開六爻『流動、卦陣、虛實』三大理論
八字命理	峨眉宗八字命理學及修煉用神（改善運程）	峨眉臨濟宗掌門傳偉中老師指定導師	快速準確掌握八字用神。不單可以通過八字命理「知命」，更可以通過峨眉臨濟宗傳承的獨有修煉用神方法改善運程。
紫微斗數	紫微斗數初班	潘國森老師（《斗數詳批蔣介石》、《潘國森斗數教程》系列作者）	・簡介陰陽五行、星命學、曆法。 ・斗數基礎與局限。命盤十二宮。 ・十四正曜，十四助曜，十干四化，八十雜曜等性質。 ・命格、大運、流年。名人命例。
	紫微斗數高班		十四正曜性質之變化，南北斗中天主星之性質。命身宮與格局，大運流年影響。六親宮位的推斷原則。一百四十四格與十干四化之交涉。以名人命例作教材。並指導學員撰寫簡單批書。
風水	廖氏家傳玄命風水學面授課程（入門班、中級班、高級班）	江西廖氏家傳玄命風水三十七代傳人廖民生老師	本課程系統教授江西興國三僚廖氏過去單傳的風水，包括形勢(巒頭)、理氣的不同用法：〈玄關訣〉、〈斗秘訣〉、〈楊公鎮山訣〉、〈此子訣〉、〈三陽六秀訣〉、〈三合訣〉、〈小玄空訣〉、〈大玄空訣〉……以及擇日等；準確率高達96% 以上。
	玄空風水實用初班	李泗達老師（《玄空風水心得》（一）（二）作者）	科學設計課程，深入淺出，一針見血，快速有效。風水基本知識、室內外巒頭、常見風水煞及化解法、元運、量天尺、排山掌訣、玄空飛星盤、四大格局初探、五行擇日、九星初探、簡易斷事、流年風水佈局
	玄空風水高級課程		四大格局精義、合十格局、反伏吟、三般卦、七星打劫、城門訣、兼卦、流年催財訣、流年催桃花訣、流年催官訣
八字命理	八字命理學	段子昱老師（《命理學教材》作者）	從初學、中級到高級，旨在幫助學者瞭解一些命理學所需的基本概念和推算的基本法則，以至於流年吉凶、窮通夭壽。其中八字命理的根本性原理、法則都是經過實踐證明有用、可用的——這些都是先賢發明，今人應該繼承的命學法則。

養生	峨眉十二莊養生功	峨眉臨濟宗掌門傳偉中老師指定導師	博大精深、融匯中醫、氣功、武學、禪修等功法，千錘百鍊，由淺入深。十二莊分別稱為『天、地、之、心、龍、鶴、風、雲、大、小、幽、明（冥）。』十二莊還分為文武兩勢和大小煉形法，根據人身經絡氣脈的順暢程度，運用不同的架勢方法進行鍛煉。益處包括：強健機能，保持悅樂。對各種慢性疾病具有神奇的療理保健作用。習武練功者可迅速加深功境。堅持修煉，可證禪無我境界，身心離苦，得生活藝術大自在。
太極拳、太極內功	汪永泉楊氏太極拳（老六路）內功、行功與揉手	汪永泉傳楊氏太極拳研究會會長	太極拳內練的功法。過去多是秘傳，知者甚少。根據楊建侯宗師再傳弟子汪永泉先生傳承的講法『內功太極拳（老六路）』，其獨特之處，不僅在招式，當中有動有靜，著重內功。根據行者的年齡、身體情況、練習招或術、養生或技擊等，姿勢可以大或小，高或低，快或慢……太極拳本無特定之招式，為教學之故，非不得已通過招式、套路、推手（揉手）、器械等去掌握內功與外形的配合、陰陽動靜等。』

報名、查詢：心一堂

電話：（八五二）六七一五〇八四〇

地址：香港九龍旺角西洋菜街南街5號 好望角大廈1003室

電郵：sunyatabook@gmail.com

網址：http://institute.sunyata.cc

Facebook: www.facebook.com/sunyatabook

心一堂術數古籍珍本叢刊　第一輯書目

占筮類			
1	擲地金聲搜精秘訣	心一堂編	沈氏研易樓藏稀見易占秘鈔本
2	卜易拆字秘傳百日通	心一堂編	
3	易占陽宅六十四卦秘斷	心一堂編	火珠林占陽宅風水秘鈔本
星命類			
4	斗數宣微	【民國】王裁珊	民初最重要斗數著述之一；未刪改本
5	斗數觀測錄	【民國】王裁珊	失傳民初斗數重要著作
6	《地星會源》《斗數綱要》合刊	心一堂編	失傳的第三種飛星斗數
7	《斗數秘鈔》《紫微斗數之捷徑》合刊	心一堂編	珍稀「紫微斗數」舊鈔秘本
8	斗數演例	心一堂編	
9	紫微斗數全書（清初刻原本）	題【宋】陳希夷	斗數全書本來面目；有別於錯誤極多的坊本
10–12	鐵板神數（清刻足本）——附秘鈔密碼表	題【宋】邵雍	無錯漏原版秘鈔密碼表　首次公開！
13–15	蠢子數纏度	題【宋】邵雍	蠢子數連密碼表打破數百年秘傳　首次公開！
16–19	皇極數	題【宋】邵雍	清鈔孤本附起例及完整密碼表研究神數必讀！
20–21	邵夫子先天神數	題【宋】邵雍	附手鈔密碼表研究神數必讀！
22	八刻分經定數（密碼表）	題【宋】邵雍	皇極數另一版本；附手鈔密碼表
23	新命理探原	【民國】袁樹珊	子平命理必讀教科書！
24–25	袁氏命譜	【民國】袁樹珊	民初二大命理家南袁北韋
26	韋氏命學講義	【民國】韋千里	
27	千里命稿	【民國】韋千里	北韋之命理經典
28	精選命理約言	【民國】韋千里	命理經典未刪改足本
29	滴天髓闡微——附李雨田命理初學捷徑	【民國】袁樹珊、李雨田	民初命理經典最淺白易懂
30	段氏白話命學綱要	【民國】段方	
31	命理用神精華	【民國】王心田	學命理者之寶鏡

32	命學探驪集	【民國】張巢雲	發前人所未發 稀見民初子平命理著作
33	澹園命談	【民國】高澹園	
34	算命一讀通——鴻福齊天	【民國】不空居士、覺先居士合纂	
35	子平玄理	【民國】施惕君	
36	星命風水秘傳百日通	心一堂編	
37	命理大四字金前定	題【晉】鬼谷子王詡	源自元代算命術
38	命理斷語義理源深	心一堂編	稀見清代批命斷語及活套
39-40	文武星案	【明】陸位	失傳四百年《張果星宗》姊妹篇 千多星盤命例　研究命學必備
相術類			
41	新相人學講義	【民國】楊叔和	失傳民初白話文相術書
42	手相學淺說	【民國】黃龍	民初中西結合手相學經典
43	大清相法	心一堂編	重現失傳經典相書
44	相法易知	心一堂編	
45	相法秘傳百日通	心一堂編	
堪輿類			
46	靈城精義箋	【清】沈竹礽	沈氏玄空遺珍 玄空風水必讀
47	地理辨正抉要	【清】沈竹礽	
48	《玄空古義四種通釋》《地理疑義答問》合刊	沈瓞民	
49	《沈氏玄空吹虀室雜存》《玄空捷訣》合刊	【民國】申聽禪	
50	漢鏡齋堪輿小識	【民國】查國珍、沈瓞民	
51	堪輿一覽	【清】孫竹田	失傳已久的無常派玄空經典
52	章仲山挨星秘訣（修定版）	【清】章仲山	章仲山無常派玄空珍秘 門內秘本首次公開 沈竹礽等大師尋覓一生末得之珍本！
53	臨穴指南	【清】章仲山	
54	章仲山宅案附無常派玄空秘要	心一堂編	
55	地理辨正補	【清】朱小鶴	玄空六派蘇州派代表作
56	陽宅覺元氏新書	【清】元祝垚	簡易・有效・神驗之玄空陽宅法
57	地學鐵骨秘　附　吳師青藏命理大易數	【民國】吳師青	釋玄空廣東派地學之秘
58-61	四秘全書十二種（清刻原本）	【清】尹一勺	玄空湘楚派經典本來面目 有別於錯誤極多的坊本

62	地理辨正補註 附 元空秘旨 天元五歌 玄空精髓 心法秘訣等數種合刊	【民國】胡仲言	貫通易理、巒頭、三元、三合、天星、中醫
63	地理辨正自解	【清】李思白	公開玄空家「分率尺、工部尺、量天尺」之秘
64	許氏地理辨正釋義	【民國】許錦灝	民國易學名家黃元炳力薦
65	地理辨正天玉經內傳要訣圖解	【清】程懷榮	秘訣一語道破，圖文并茂
66	謝氏地理書	【民國】謝復	玄空體用兼備、深入淺出
67	論山水元運易理斷驗、三元氣運說附紫白訣等五種合刊	【宋】吳景鸞等	失傳古本《玄空秘旨》《紫白訣》
68	星卦奧義圖訣	【清】施安仁	三元玄空門內秘笈 清鈔孤本 過去均為必須守秘不能公開秘密 與今天流行飛星法不同
69	三元地學秘傳	【清】何文源	
70	三元玄空挨星四十八局圖說	心一堂編	
71	三元挨星秘訣仙傳	心一堂編	
72	三元地理正傳	心一堂編	
73	三元天心正運	心一堂編	
74	元空紫白陽宅秘旨	心一堂編	
75	玄空挨星秘圖 附 堪輿指迷	心一堂編	
76	姚氏地理辨正圖說 附 地理九星并挨星真訣全圖 秘傳河圖精義等數種合刊	【清】姚文田等	蓮池心法 玄空六法 門內秘鈔本首次公開
77	元空法鑑批點本——附 法鑑口授訣要、秘傳玄空三鑑奧義匯鈔 合刊	【清】曾懷玉等	
78	元空法鑑心法	【清】曾懷玉等	
79	蔣徒傳天玉經補註	【清】項木林、曾懷玉	
80	地理學新義	【民國】俞仁宇撰	揭開連城派風水之秘
81	地理辨正揭隱（足本） 附連城派秘鈔口訣	【民國】王邈達	
82	趙連城傳地理秘訣附雪庵和尚字字金	【明】趙連城	
83	趙連城秘傳楊公地理真訣	【明】趙連城	
84	地理法門全書	仗溪子、芝罘子	巒頭風水，內容簡核、深入淺出
85	地理方外別傳	【清】熙齋上人	巒頭形勢、「望氣」「鑑神」
86	地理輯要	【清】余鵬	集地理經典之精要
87	地理秘珍	【清】錫九氏	巒頭、三合天星，圖文並茂
88	《羅經舉要》附《附三合天機秘訣》	【清】賈長吉	清鈔孤本羅經、三合訣法圖解
89-90	嚴陵張九儀增釋地理琢玉斧巒	【清】張九儀	清初三合風水名家張九儀經典清刻原本！

91	地學形勢摘要	心一堂編	形家秘鈔珍本
92	《平洋地理入門》《巒頭圖解》合刊	【清】盧崇台	平洋水法、形家秘本
93	《鑒水極玄經》《秘授水法》合刊	【唐】司馬頭陀、【清】鮑湘襟	千古之秘，不可妄傳匪人
94	平洋地理闡秘	心一堂編	雲間三元平洋形法秘鈔珍本
95	地經圖說	【清】余九皋	形勢理氣、精繪圖文
96	司馬頭陀地鉗	【唐】司馬頭陀	流傳極稀《地鉗》
97	欽天監地理醒世切要辨論	【清】欽天監	公開清代皇室御用風水真本
三式類			
98-99	大六壬尋源二種	【清】張純照	六壬入門、占課指南
100	六壬教科六壬鑰	【民國】蔣問天	由淺入深，首尾悉備
101	壬課總訣	心一堂編	過去術家不外傳的珍稀六壬術秘鈔本
102	六壬秘斷	心一堂編	
103	大六壬類闡	心一堂編	
104	六壬秘笈——韋千里占卜講義	【民國】韋千里	六壬入門必備
105	壬學述古	【民國】曹仁麟	依法占之，「無不神驗」
106	奇門揭要	心一堂編	集「法奇門」、「術奇門」精要
107	奇門行軍要略	【清】劉文瀾	條理清晰、簡明易用
108	奇門大宗直旨	劉毗	天下孤本 首次公開
109	奇門三奇干支神應	馮繼明	虛白廬藏本《秘藏遁甲天機》
110	奇門仙機	題【漢】張子房	
111	奇門心法秘纂	題【漢】韓信（淮陰侯）	奇門不傳之秘 應驗如神
112	奇門廬中闡秘	題【三國】諸葛武侯註	
選擇類			
113-114	儀度六壬選日要訣	【清】張九儀	清初三合風水名家張九儀擇日秘傳
115	天元選擇辨正	【清】一園主人	釋蔣大鴻天元選擇法
其他類			
116	述卜筮星相學	【民國】袁樹珊	民初二大命理家南袁北韋
117-120	中國歷代卜人傳	【民國】袁樹珊	南袁之術數經典

心一堂當代術數文庫

增刪卜易之六爻古今分析	愚人
命理學教材（第一級）	段子昱
斗數詳批蔣介石	潘國森
潘國森斗數教程（一）：入門篇	潘國森
紫微斗數不再玄	犂民
玄空風水心得（增訂版）（附流年催旺化煞秘訣）	李泗達
玄空風水心得（二）—沈氏玄空學研究心得（修訂版）附流年飛星佈局	李泗達
廖氏家傳玄命風水學（一）—基礎篇及玄關地命篇	廖民生
廖氏家傳玄命風水學（二）—玄空斗秘篇	廖民生
廖氏家傳玄命風水學（三）—楊公鎮山訣篇附斷驗及調風水	廖民生
廖氏家傳玄命風水學（四）—秘訣篇：些子訣、兩元挨星、擇吉等	廖民生

心一堂術數古籍整理叢刊

全本校註增刪卜易	【清】野鶴老人	李凡丁（鼎升）校註
紫微斗數捷覽（明刊孤本）附點校本	傳【宋】陳希夷	馮一、心一堂術數古籍整理小組點校
紫微斗數全書古訣辨正	傳【宋】陳希夷	潘國森辨正
應天歌（修訂版）附格物至言	【宋】郭程撰　傳	莊圓整理
壬竅	【清】無無野人小蘇郎逸	劉浩君校訂
奇門祕覈（臺藏本）	【元】佚名	李鏘濤、鄭同校訂
臨穴指南選註	【清】章仲山原著	梁國誠選註